地域批評シリーズ⑩

これでいいのか
福岡県北九州市

まえがき

北九州市が市制50周年を迎えた2013年。イマイチ盛り上がれずにいる市民を置いてきぼりにしつつも、商店街のあちらこちらに「市制50周年」のロゴ入りフラッグが飾られたり、さまざまな記念事業が行われたり、と市内はお祭りムードに満ちていた。

そうした中、そのお祭りムードに便乗しようと発行された『これでいいのか福岡県北九州市』は、盛り上がっていないと思われた市民の皆さんにもご好評いただき、ありがたいことに増版を重ねている。義理人情に厚く地元愛に溢れる北九州市民だけあって、実は一人ひとりが心の奥底で50周年を誰よりも熱く祝っていたのかもしれない。

そのメインタイトルは、「50年経ってもまとまらない 北九州の裏事情」。地元愛に溢れる市民ではあるが、その〝地元〟とは、あくまでも自分が住んでいる〝区〟限定。他の区には興味がないどころかほぼ足を踏み入れたことがない、何も知らないという人も多いほど区と区の関係は希薄…という北九州のユニークな特徴を紐解いた一冊となった。

また、発行当時は、飲食店関係者が刺される、飲食店ビルが放火されるという凶悪な事件が相次いでから間もない時期だったこともあり、それについても少し触れさせてもらった。全国各地から応援が来ていたため、取材中はパトロール中のパトカーや警察官を多く見かけ、「これなら逆に安心して歩けるな」と思ったものだ。昔からよく「怖い街」だといわれてはきたが、事件をきっかけにその印象はさらに深まり、せっかくの50周年は負のイメージとともに全国に知れ渡ってしまった。何というタイミングだろう。

今回、文庫版が発行されるにあたり、50周年ムードも一連への事件に対する警戒も消え去った(ように見える)北九州市をあらためて訪れてみた。パトカーや警察官の数はいたって普通。応援に来ていた警察官たちも自分の家に帰ることができホッとしているだろう。過剰なパトロールに「逆に安心」などと冗談を書いたが、パトカーや警察官の姿ばかりを次から次へと目にする街で心から落ち着いて過ごすことができるはずがない。その風景はやはり異常であり、飲食店街から客足が遠ざかるなど、市民の生活にさまざまな影響を与えていたようだ。

あれから約3年。街はすっかり平和を取り戻したように見えるが、もちろん市民の不安はすべて取り除かれたわけではない。しかも現在、あらたな問題が北九州を襲っている。急激な人口減だ。53年前、珍しい五市合併で華やかに誕生した九州初の政令指定都市に一体何が起きているのか。すぐお近くのライバル都市・福岡の人口が驚くほど急激に増加していることからその理由は簡単に想像がつくが、この文庫版ではこの深刻な問題についても加筆したい。

『これでいいのか福岡県北九州市』発行後、ありがたいことにたくさんの感想をいただいた。評価はもちろん賛否両論。著者の地元愛をたっぷりと詰め込んだつもりの記事にお叱りをいただき落ち込んだこともあったが、それも地元愛に溢れた北九州市民ならでは。逆に皮肉をたっぷりと書いたつもりが「本当は好きなくせに」と見破られてしまったのも、「さすがだな」と感心した。

急激な人口減というあらたな問題も抱えた今、次の100周年に向け、市民は一体となってたたかっていかなければならないだろう。しかし、各区のまとまりがなくバラバラな印象は相変わらずそのまま。まだまだ小倉北・南区民は八幡や戸畑の話題に疎く、門司区民は関門海峡の方ばかりを眺めている。果たしてこれから先、市民は一致団結して北九州を盛り上げていけるのか。ライバル・福岡との関係は今後どうなっていくのだろうか。今後も『これでいいのか福岡県北九州市』の著者として、そして、この場所で生まれ育ったひとりの人間として、北九州市の行く末を見守っていけたらと思っている。…とは言っても、現在は福岡市民となってしまった著者は人口減に加担したひとり。実家に帰る度にあちらこちらでお金を落としている、ということでそこのところは何とか許していただきたい。

安岡
梶栗郷台地駅
JR山陰本線
厚狭
小月IC
長府駅
新下関駅
綾羅木駅
中国自動車道
JR山陽本線
山口県
下関市
幡生駅
下関
六連島
火の山公園
関門トンネル
北九州銀行レトロライン
関門海峡めかり駅
壇之浦PA
関門橋
めかりPA
ノーフォーク広場駅
門司港
和布刈公園
下関駅
門司港レトロ
出光美術館駅
門司港駅
九州鉄道記念館駅
門司区役所
関門海峡
春日出入口
北九州都市高速道路
門司
山陽新幹線
小森江駅
北九州港
真追の上池
門司駅
大里出入口
日明出入口
小倉駅北出入口
西小倉駅
小倉駅
手向山公園
富野PA
門司区
新門司
周防灘
小倉城
北九州市役所
平和通駅
旦過駅
富野出入口
紫川
勝山出入口
大手町出入口
小倉北区役所
足立出入口
大正池
畑貯水池
香春口
三萩野駅
九州自動車道
吉志PA
新門司港
小倉北区
片野駅
篠崎北出入口
足立山
城野駅
北方出入口
北九州モノレール
北方駅
若園出入口
小倉南区役所
安部山公園駅
北九州都市高速道路
竹馬川
小倉南区
北九州空港
競馬場前駅
長野出入口
守恒駅
横代出入口
下曽根駅
石田駅
小倉東
志井駅
企救丘駅
志井公園駅
北九州JCT
東九州自動車道
JR日田彦山線
朽網駅
志井駅
苅田北九州空港
小倉南区
石原町駅
苅田駅
貫山
京都郡苅田町
平尾台自然の郷
呼野駅
小波瀬西工大前駅
長狭川
今川
京都郡
みやこ町
行橋市
行橋駅
祓川
香春
中津

北九州市地図

男島
白島
国家石油備蓄基地
女島
若松区
藍島
小倉北
響灘
0
3km
玄界灘
ともろビーチ
495
グリーンパーク
ひびき動物ワールド
頓田第二貯水池
菖蒲谷貯水池
若松区役所
若戸出入口
頓田第一貯水池
遠賀郡
芦屋町
若松区
若松駅
若戸大橋
戸畑駅
藤ノ木駅
戸畑区役所
二島駅
奥洞海駅
洞海湾
JR筑豊本線
航空自衛隊芦屋基地
スペースワールド
枝光駅
枝光出入口
東田出入口
本城駅
遠賀郡
水巻町
遠賀川
199
陣原駅
黒崎駅
スペースワールド
遠賀郡
岡垣町
495
折尾駅
八幡駅
高炉台
黒崎駅前駅
大谷出入口
西黒崎駅
八幡東区役所
八幡西区役所
金山川
穴生駅
山麓駅
北九州都市高速道
帆柱ケーブルカー
森下駅
200
スロープカー
3
水巻駅
八幡西区
山上駅
皿倉山
遠賀川駅
今池駅
帆柱山
JR鹿児島本線
海老津駅
東水巻駅
永犬丸駅
黒崎出入口
八幡東区
三ケ森駅
211
西山駅
河内貯水池
中間駅
中間市
筑前垣生駅
東中間駅
北九州市
筑豊中間駅
小嶺出入口
西川
教育大前駅
木月池
浦原池
畑貯水池
筑豊香月駅
宗像市
釜ヶ谷池
鞍手駅
鞍手郡
鞍手町
馬場山出入口
JR筑豊本線
楠橋駅
金剛出入口
新木屋瀬駅
木屋瀬駅
鞍手
鞍手PA
直方PA
筑前植木駅
八幡
牟田池
遠賀野駅
国道200号バイパス
小倉南区
新池
新入駅
200
九州自動車道
感田駅
山陽新幹線
筑豊直方駅
小野牟田池
若宮
宮田スマート
直方駅
直方市
平成筑豊鉄道伊田線
福智山
南直方御殿口駅
宮若市
勝野駅
田川郡
福智町
あかぢ駅
博多
飯塚
藤棚駅
中泉駅

北九州市の基礎データ

地方	九州地方
都道府県	福岡県
総面積（km^2）	491.95
人口（人）	940,170
人口密度（km^2）	1,911.11
隣接都道府県	福岡県：中間市、直方市、行橋市、芦屋町、水巻町、鞍手町、香春町、福智町、苅田町、みやこ町 山口県（海上で隣接）：下関市
市の木	イチイガシ
市の花	ツツジ、ヒマワリ
団体コード	40100-5
市庁舎所在地	福岡県北九州市小倉北区城内１番１号
市庁舎電話番号	093-671-8181（北九州市コールセンター）
北九州市危機管理室 危機管理課	093-582-2110

区役所所在地	
区役所	住所
門 司 区	福岡県北九州市門司区清滝1丁目1ー1
小倉北区	福岡県北九州市小倉北区大手町 1-1
小倉南区	福岡県北九州市小倉南区若園5丁目 1-2
若 松 区	福岡県北九州市若松区浜町1丁目 1-1
八幡東区	福岡県北九州市八幡東区中央1丁目 1-1
八幡西区	福岡県北九州市八幡西区筒井町 15-1
戸 畑 区	福岡県北九州市戸畑区千防1丁目 1-1

北九州市の人口（人）	
北九州市全体	940,170
門司区	94,748
小倉北区	182,620
小倉南区	208,980
若松区	80,544
八幡東区	65,105
八幡西区	250,761
戸畑区	57,412

北九州市の面積（km^2）	
北九州市全体	491.95
門司区	73.67
小倉北区	39.23
小倉南区	171.74
若松区	71.31
八幡東区	36.26
八幡西区	83.13
戸畑区	16.61

2019年11月1日現在

●第2章●【街の個性を築き上げたワケありな歴史】……81

●第3章●【プライドが高く市の中心を自負する小倉】……115

●第7章●【注目度が地味にアップ　市発展の新舞台・若松】……251

第１章
北九州市ってどんなトコ

【歴史】街道、貿易、製鉄……かつて日本の進化を支えた街

区ごとにバラバラ　個性ある街の歴史

港町として繁栄した門司市、軍都としての歴史を持つ小倉市、石炭の積出港として賑わった若松市、八幡製鉄所を中心に工業の街として栄えた八幡市と戸畑市。それぞれに強い個性を持つ5つの市が合併して誕生した北九州市は、区ごとに歩んできた歴史がまるで異なる全国でも珍しい都市。しかし、そこには共通点がひとつある。それは、どの区もかつては日本を支えた重要な拠点だったということだ。現在の北九州が日本を支えているかどうかは分からないが（支えている企業は多く存在するけれど）、その昔、このエリアは確実に日本にとって重要な場所だったのである。

北九州がかつて日本を支えた重要な場所だったという証拠は、今でも街のあちらこちらで見ることができる。その中でも市のシンボル的な存在として目立っているのが小倉北区にある小倉城だろう。現在私たちが目にしている小倉城は、もちろん築城当時のものではなく市民の熱い要望によって１９５９（昭和34）年に再建され、１９９０（平成２）年に全面改装されたもの。周囲には市庁舎や大型イベントに使われる広場、小倉城庭園や松本清張記念館などがあり、多くの市民にとってお馴染みのスポットになっているが、小倉城そのものの歴史を詳しく知る人は意外と少ない。

小倉城を築城したのは、関ヶ原の合戦の功労によって中津城に入城していた細川忠興。１６０２（慶長７）年に普請が始まり、７年の歳月をかけ、城を完成させたという。その後、細川氏が熊本に国替えされてしまうと、１６３２（寛永９）年には小笠原忠真が入国。小笠原氏は将軍・徳川家光から九州諸大名監視という特命を受けていたといい、小倉・小笠原藩は幕末まで続いた。しかし、細川忠興が建てた元祖小倉城は１８３７（天保８）年に火事で全焼。２年後に再建されたようだが、天守閣は再建されなかった。

その後、幕末になると小倉は長州藩を攻める第一線基地に。肥後藩と共に懸命に戦ったものの高杉晋作が指揮する先進的な長州藩には歯が立たず、1866（慶応2）年、自ら城に火を放って退いた。以来、このエリアは陸軍第12師団の司令部が設置されたり、第二次世界大戦後には米軍に接収されたりと戦争との関わりが深い。

また、小倉が城下町として栄えた時代の証拠として忘れてはならないのが、江戸時代に小倉から九州各地にのびる諸街道の起点でもあり終点でもあった常盤橋だ。現在の常盤橋はもちろん当時の橋ではなく、1995（平成7）年に「紫川マイタウン・マイリバー整備事業」のひとつとして生まれ変わったもの。しかし、その歴史の重要性を後世に伝えるため、江戸時代の風情を感じることのできる歩行者専用の木の橋になっている（天然木も使用されている）。

尾張の商人・菱屋平七が記した「筑紫紀行」には、「小倉は九州の咽候なり」と記されているそうだが、江戸時代の小倉は交通の要地として知られていた。大里や門司に行く「門司往還」、中津や宇佐に行く「中津街道」、香春や秋月に行く「秋月街道」、そして、長崎に行く有名な「長崎街道」と、博多や唐津に行く「唐津街道」という5つの街道が小倉から放射線状に出ており、これらを「小倉の五街道」と呼ぶが、その全てが常盤橋につながっていたのである。地理的に九州の玄関口であるため当然と言えば当然なのだが、重要な拠点だったのは間違いない。「大日本沿海輿地全図」を完成させたあの伊能忠敬も測量のためにこの地を訪れており、彼の「測量日記」には1810（文化7）年に常盤橋を渡ったという記録が残されているという。五街道のうち最も有名な長崎街道は、常盤橋から長崎までの57里（228キロ）の道。参勤交代の諸大名や長崎奉行、オランダ商館の行列が通っていたかと思うと歴史のロマンを感じずにはいられない。小倉で休憩や宿泊をすることが多かったため、常盤橋周辺は多くの商店や旅人のための旅籠、他藩の藩主が利用する本陣（宿舎）が何軒もあったとか。現在でも市の中心地ではあるが、当時はもっと賑やかな場所だったに違いない。

繰り返される門司の衰退と繁栄

かつて歴史の表舞台にいた小倉城と常盤橋は、現在、市の観光資源として重宝されているが（わざわざこれ目当てに訪れる人がいるかどうかは別として……）、その代表とも言える存在が門司港レトロだろう。

門司の歴史も古く、源氏と平家が戦った壇ノ浦の戦いの際、現在の大里に安徳天皇の仮の御所がつくられたことが知られているが、江戸時代には参勤交代で多くの大名が大里宿を利用し、栄えていたという。とは言っても門司全体は、現在の和布刈公園にあった門司城が徳川家康によって取り壊されて以来、約270年もの長い間ひっそりと息を潜めていたようだ。

そんな門司に大きな転機がやって来たのは明治時代。1889（明治22）年に誕生した「門司築港株式会社」が新しい港（門司港）をつくり、国が石炭・米・麦・硫黄・小麦粉の5品目の特別輸出港として指定。さらに、この地を起点とした鉄道が開設し、1891（明治24）年に門司駅が開業したのである。時代はちょうど大石炭ブーム。港と鉄道ができたことで、若松と芦屋に集められていた筑豊の石炭が、折尾駅から門司駅に輸送され、門司港から輸出されるようになったのだ。そのため門司港は、石炭輸出で何と全国1位になって大盛況。三菱、三井、住友などの商社、大阪商船などの船会社が並んで街は大いに栄え、現在の門司港レトロの礎を築いたのである。なお、旧5市の中で一番最初に市になったのは実は門司市。戦後次第に衰退していくまで繁栄は続き、一時代を築いた。

また、石炭で一時代を築いたのは日本一の石炭積出港として栄えた若松も同じ。〝日本一〟の称号を持っているからには、若松だってかつての日本を支えた街だと言って良いだろう。その後の衰退ぶりは皆さんご存知の通りだが、若松南海岸通り（若松バンド）には、旧古河鉱業若松ビルをはじめ、栃木ビル、上野ビル（旧三菱合資若松支社ビル）、石炭会館といった大正期の建築物が残され、繁栄の歴史を物語っている。

近代製鉄発祥で工業の街へ

そして、最も忘れてはならない重要な出来事がコレ。この地で発祥し、現在も北九州の産業を支える「近代製鉄」だ。１９０１（明治34）年、すでに市を名乗っていた門司からは随分と遅れ、やっと村から町になったばかりの八幡に、日本初の近代製鉄「官営八幡製鉄所」が誕生した。これを機に全国から人が流れ込むようになり、街は瞬く間に発展。1917（大正6）年には町から市となり、製鉄の街として労働者たちで賑わうようになる。

同じように戸畑も明治時代の中頃までは半農半漁の静かな村だったというが、八幡製鉄所の開設以来、急激に街の環境が変化。安川電機の創業者として知られる安川敬一郎氏らによって設立された明治鉱業株式会社をはじめ、日立金属の前身で日産自動車のルーツでもある戸畑鋳物株式会社、三菱グループの旭硝子株式会社、ニッスイのブランド名で知られる日本水産株式会社といった超有名企業が進出し、工業都市として発展した。昭和に入り5市合併の議論が行われた際、戸畑は「私たちの街は十分潤ってるから合併の必要はなし！」と、長く反対の姿勢を貫いていた。

このように、北九州の歴史はバラエティ豊かで奥深く、実におもしろい。そして、その歴史がそのままそれぞれ街の特色や人の気質となって残り、現在の北九州を形成している。そのことを念頭に置き、ぜひこれから先の頁を読み進めてもらいたい。

小倉のランドマークとして堂々とした佇まいを見せる小倉城。周囲もきれいに整備されており、絶好の散策スポットになっている。春は花見のスポットとしても人気で、多くの人が訪れる

基礎が木でつくられていたため、江戸時代には大雨によって何度も架け替えられていたという「常盤橋」。その後、1800年代初期には石くいになり、ようやく強度が増したという

1912(明治45)年に建設された「旧門司税関」は、門司港レトロを代表する華やかな建築物。昭和初期まで税関庁舎として使用されていたというが、現在は喫茶店や展示室、ギャラリーなどがある

八幡の地に誕生した「官営八幡製鉄所」は、さまざまな道のりを経て現在「新日鐵住金株式会社」に。かつては住友金属工業の小倉製鉄所だった場所も、現在は新日鐵住金の小倉製鉄所になっている

【5市合併】九州初の百万都市誕生！華やかだった合併時代

記念事業盛りだくさん　市内はお祭りムードに

１９６３（昭和38）年2月10日に、旧門司市・旧小倉市・旧八幡市・旧若松市・旧戸畑市の５市が対等合併して誕生した北九州市は、２０１３（平成25）年、ついに市制50周年を迎えた。当日は運良く日曜日となったこともあり、小倉北区の勝山公園大芝生広場で開催された「北九州市誕生祭」にはたくさんの人が訪れ大盛況となった。

大勢の市民が参加した賞金総額50万円の北九州市ウルトラクイズや北九州出身のお笑い芸人・ロバートのライブをはじめ、祝い餅つきでついた餅やあたたかいみぞれ鍋がふるまわれたり、大好評だったＢ－１グランプリin北九州で受賞した八戸せんべい汁研究所、対馬とんちゃん部隊、田川ホルモン喰楽歩などが再び集結するなど、50周年を祝うに相応しいイベントが次から次へと行われた。

市は50周年記念事業を市内全体で盛り上げるため、市民が自ら企画・実施するイベントに対し、１事業あたり上限百万円の事業経費を補助するという太っ腹な取り組みを行っていたが（もちろん、市の記念事業の理念やコンセプトに合ったものだけ）、そのためか２０１２年から北九州では本当にさまざまなイベントが行われてきた。しかし、それも２０１３年の3月まででほぼ終了。「あぁ、50周年なのね」と、無関心だった市民がようやく認識してきたところでお祭りムードが終わってしまったのは残念だが、「これからはもう次の50年のことを考えなければならない時。あまり長い間浮かれてばかりもいられない」ということだったのだろう。

北九州は他都市に比べ、区それぞれに全く異なる個性を持つバラエティに富んだ豊かな都市だといえる。だが、区と区の交流が浅くバラバラでまとまりがない……と言われればまさにその通り。多くの市民が自分の住んでいる区（または働いている区）以外のことはよく知らず、時には張り合ってさえいるのが特徴だ。市の誕生から50周年を迎えたのはめでたいが、それは逆に「ひとつになって50年も経つのにまだ上手くまとまることができないでいる」というふがいなさを示してしまってもいる。だが、市民がひとつになるのに膨大な時間がかかるのも無理はない。それほど、互いに違う市として異なる文化を築いてきた5つもの市がひとつになるというのは大変なことなのだ。

さらに50年が経ち百周年を迎える頃には、区と区の壁がすっかり取り払われ一丸となった市民の姿を見ることができるのだろうか。筆者が生きていれば検証してみよう。あまり想像はつかないが、気を長くして待っていれば、いつかはまとまる日がやって来るかもしれない。

長い議論が続いた合併までの道のり

「5つの市が対等合併してひとつになる」。今から50数年前、このニュースは日本中の話題となった。5市が対等合併するというのは世界でも初の試み。大変珍しいということで注目されていたらしい。さらに、新しく誕生した市の人口は約102万4000人。九州初の百万都市が誕生するということで、日本中がお祝いムードに沸いたのである。

実はこの地域の合併話は百年以上も前からさまざまな組み合わせで何度も議論されてきたらしい。ちなみに最も古い話は門司と下関の合併構想。個人的にはそれが一番おもしろかったのでは、と思うのだがご存じの通り実現しなかった。その後、本格的な合併話に発展していったのは昭和に入ってからだという。最初に大きな合併問題が議論されたのは、1934(昭和9)年。この時は小倉と若松だけが賛成し、他はあまり乗り気ではなかったらしい。特に合併すれば市の端っことなり、あきらかに中心地から外れてしまう門司はとてもそんな気になれなかったのだろう。「合併すれば衰退する」と考え、この後もずっと反対を貫いていたようだ。

2回目に議論されたのは1943(昭和18)年。今度は小倉と若松に加え、八幡も賛成側に。戸畑は相変わらず乗り気ではなく、昔から関門海峡の方ばかりを見ている門司は、この頃から「下関も仲間に入れるんだったらいいよ」という姿勢を見せ出したとか。

そして3回目は1947（昭和22）年。この時には「5市合併研究委員会」の発足が決まるなど、具体的に話が進んだという。だが、住民投票で合併の賛否を調査しようとなったにもかかわらず、実際に投票を行ったのは小倉と八幡だけだったりと、5市の足並みは揃わず実現には至らなかった。

ようやく話がまとまったのが4回目となる1960（昭和35）年。国勢調査の結果、5市の合計人口があと少しで百万人になることを知った市民たちから百万都市を目指す声が挙がり、合併を後押しする形になったという。門司区役所まちづくり推進課が作成した「門司の歴史」には、その年に開かれた5市の市長会での発言が掲載されている。ここに一部を抜粋して掲載しよう。

八幡市長「どうでしょう。今日ここにお集まりのみなさん。わたしどもが市長である期間中に百万都市を生み出そうじゃありませんか。市長としての任期はあと3年。その3年のうちに、5市合併を実現しましょうや。いかがでしょう」。

小倉市長「小倉の場合は、私の前々の市長から一貫して賛成しています。明治から続いているこの問題は、いずれ解決せねばなりませんね。門司の意向はどんなもんでしょうか。」
門司市長「門司は、5市がそろって近代都市として発展することを考えたときに、合併にそう強く反対とも言えません。」
八幡市長「それは、5市合併でかまわないということでしょうか。」
門司市長「つまり、関門6市にこだわらないということです。市民もそうした方向で考えております。」
戸畑市長「戸畑は、おかげさまで財政は一番豊かです。ですから、市民の間には合併をしなくてもという意見もかなりあります。でも、長い目で見たときには、合併がよいと思いますね。」
若松市長「もう十分に議論はつくされていますね。戦前からのこの問題の解決は、今が潮時でしょう。合併の方法を煮詰める時期にきていると私は判断しますよ。」

それぞれの市長の発言を読むだけで、これまでの合併議論がどのように進んできたのかが想像できる。最終的にはずっと反対してきた門司が賛成側にまわったことも、合併が一気に進んだ要因となったに違いない。

門司が合併に踏み込んだのは、1953（昭和28）年に起きた大水害で財政が厳しくなり、街がどんどん廃れていったから、という話もあるようだ。こうして合併は現実のモノとなる。

北九州市は本当は「西京市」だった⁉

例えば福間町と津屋崎町が合併して誕生した福津市のように、ふたつの市町村が合併した場合には、それぞれの名前を組み合わせて新しい名前をつける、といった簡単な名づけ方法があるが、5市の合併となるといろいろともめそうで難しい。結局は全国公募で決めようということになったという。その結果、応募総数約13万7100票のうち、約1万2100票を集め1位に輝いたのは実は「北九州市」ではなく「西京市」という名前。北九州市というネーミングは約6600票で2位だったというから知らない人は驚くだろう。その他には玄界市、洞海市、北九市、若戸市といった候補があったそうだ。

西京市というのは何とも風流で上品。「北九州」という言葉とはまるで響きが違う。1位と2位の間には随分と差があり、ほぼ決まりかけていたようだが、「京」という字が入った名前には「天皇がいらっしゃった歴史がないのに良いのだろうか」という意見もあり、北九州市に決まった。

すでに教科書に「北九州工業地帯」が載っていたことからも、「PRしやすい」、「覚えやすい」となったようだが、市民にはいまだに「北九州市なんて嫌だ。西京市が良かった」と言う人も多い。市外の人々からよく「北九」と略して呼ばれることを嫌う人も多く、人気の高い名前とは言えないだろう。50数年も前のことなので、そろそろ諦める潮時だと思うが……。

次の百周年へ最初の課題は、「北九州」という名前にもっと市民が愛着を持つことなのかもしれない。まずはそこから皆で始めてはどうだろう。

5市合併後、しばらくは旧戸畑市役所を新市の庁舎として使用していたが、その後、新庁舎が小倉に誕生。旧小倉市は北九州市の中心地として発展する。新庁舎をどこに置くかはかなりもめたという

北九州市の玄関口として常に多くの人で賑わう小倉駅。JR九州が発表した駅別乗車人員（平成26年度）によると、利用者数は博多駅に次いで第2位。1日に平均3万5301人が利用する

北九州市 50 年のあゆみ

年	出来事
1963（昭和 38）年	旧 5 市が対等合併。北九州市発足
1964（昭和 39）年	オリンピック聖火が市内を通過
1965（昭和 40）年	ばい煙規制法の全面適用を受ける
1969（昭和 44）年	市内の電話料金を統一
1970（昭和 45）年	北九州市公害防止条例公布
1971（昭和 46）年	初の市文化財として曲里の松並木など 7 件を指定
1972（昭和 47）年	新市庁舎開庁
1973（昭和 48）年	関門橋開通
1974（昭和 49）年	7 区制スタート
1975（昭和 50）年	新幹線小倉駅開業
1977（昭和 52）年	西日本総合展示場開設
1979（昭和 54）年	福岡市に人口を抜かれる
1980（昭和 55）年	戸畑祇園大山笠が国の重要無形民俗文化財に
1981（昭和 56）年	「北九州市民憲章」制定
1984（昭和 59）年	九州自動車道門司 IC ～小倉東 IC 開通
1985（昭和 60）年	北九州都市モノレール開業
1988（昭和 63）年	第 1 回わっしょい百万夏まつり開催

1990（平成2）年	スペースワールドオープン
1991（平成3）年	市立医療センター（旧小倉病院）開設
1992（平成4）年	地球サミットで国連地方自治体表彰受賞
1993（平成5）年	かん・びん分別収集開始
1995（平成7）年	門司港レトログランドオープン
1997（平成9）年	国のエコタウン事業承認地域に決定
1998（平成10）年	一般ごみ指定袋制を開始
2000（平成12）年	北九州フィルム・コミッション設立
2001（平成13）年	ジャパンエキスポ「北九州博覧祭2001」開催
2002（平成14）年	到津の森公園開園
2003（平成15）年	北九州芸術劇場を開設
2006（平成18）年	新・北九州空港開港
2008（平成20）年	「環境モデル都市」に国が認定
2009（平成21）年	門司港レトロ観光列車「潮風号」運行開始
2010（平成22）年	アジア低炭素化センターを開設
2011（平成23）年	国から環境未来都市、国際戦略総合特区に選定
2012（平成24）年	B-1グランプリ in 北九州開催
2013（平成25）年	北九州市制50周年

【嫌福岡・親下関】案内するなら唐戸市場!? 市内扱いされる下関

下関はなわばり？　勘違いする市民たち

「市外から親戚や友人が遊びに来たらどこを案内する？」と尋ねられたら、北九州市民は何と答えるだろう。北九州の観光の定番・門司港レトロもいいだろうし、小倉城庭園、松本清張記念館といった小倉城周辺エリアもある。季節によっては自然を満喫できる平尾台や獲れたてのたけのこが堪能できる合馬観光たけのこ園もいい。ところが、複数の北九州市民にこの質問をしたところ、想像とは異なる驚きの解答が続出した。「誰が来ても必ず連れて行くのは唐戸市場。おいしいもんがあるけね」、「そうそう、唐戸市場はお決まりのコースやね。何度行っても楽しいし。巌流島も結構喜ばれるっちゃ」、「子どもがおったらやっぱり水族館やね。昔、遠足で行ったなぁ〜」。

え、唐戸市場に巌流島……？　それは確か下関市だったはず。水族館なんて北九州にあったか？　と考えていたら、それもやはり下関にある海響館のことだった。これは一体どういうことなのか。

引き続き彼らに話を聞いたところ、別に「北九州市には案内したくなるような魅力ある観光資源が全くない」と思っているわけではないという（実際のところどうであるかは別にして）。ただ、下関をうっかり市内だと思っていただけなのだ。まぁ、それは言い過ぎかもしれないが、まるで自分の市のように親しみを持っているのは間違いない。そのため、下関も自分のなわばりだと勘違いし、得意気に案内してしまうのだ。喜ばれているのならそれで良いのかもしれないが、本州から九州にやって来た人をわざわざまた本州に連れて行く……というおかしなことになっているケースもあり、「それってどうなん？」と首をかしげてしまう。

逆に、下関市民は北九州によく訪れているのかどうか気になり下関出身の知人に尋ねてみたところ、「子どものころから母親といっしょに小倉に買い物に行くのはごく日常的なことだった」という。また、学生時代に友だちと遊ぶのもほとんどが小倉の繁華街だったそうだ。そのため、北九州が他の市・他の県だという認識はあまりなかったらしい。確かに、下関には下関大丸や専門店街などが入ったシーモールぐらいしか買い物をしたり遊んだりする場所がなく、JRを使えばあっという間に行ける小倉が主なお出かけスポットになるのも仕方ない。ちなみに、下関大丸というのは福岡の天神にもあるあの大丸だが、下関人は一番頭の「だ」にアクセントをつけて呼ぶため、とても同じ大丸のこととは思えず、ずっと別物だと思っていた。方言は博多弁よりは近く似ている部分もあるのだが、「えらい（＝疲れた）」といった初めて聞くと意味の分からないものや、「どこ行くほ〜？」といった感じで使われる「ほ」のように衝撃的なものもあり、これだけ交流があっても違うところは違うのか、と驚かされる。

県内他都市にはイマイチ興味なし

さて、下関を自分たちの市の一部として扱うほど親しみを持っている北九州市民だが、実はその一方で福岡県内のその他の都市に対してはあまり親近感を持っていない。特に、言葉も文化もまるで違う筑後エリアについては同じ福岡県だという認識すら持っていないない人が多く、「小郡って山口やろ。え、福岡にもあるん？」、「柳川と八女って熊本だっけ。一度行ってみたいっちゃね～」などと平気で言ってしまう。実は筆者も初めて筑後の人と会った時に「大川から来た」と言われ、「あぁ、佐賀から来たのか」と恥ずかしい間違いをしてしまった経験がある。初めて耳にした筑後弁がほとんど聞き取れなかったこともあり、同じ福岡県民だとはこれっぽっちも思わなかった。今思うと筑後の人にも佐賀の人にも失礼な話だ。

では、その他のエリアについてはどうだろう。筑後と違って北九州から近い筑豊エリアに対しては、知識もありやや親しみを持っている人が多いような気がする（北九州同様「危険なエリア」と言われることが多いため、多少の仲間意識あり。しかし、ほとんどの北九州市民が「怖い街」と言われる度に「筑豊よりはマシ」と思っている）。福岡市とその近隣都市に対しては、買い物やイベントなどで出掛ける機会が多いため、まるで住んでいるかのように詳しい人が多い。昼間に放送している地元の情報テレビ番組も、取り上げる内容は福岡のデパ地下スイーツや天神周辺のグルメに関する話題が多く、福岡まで買い物に行く暇がない主婦もやたらと福岡の最新事情に明るい。だとすれば当然、福岡に対しても下関と同じようにかなりの親しみを持っていても良さそうなものだが、これがなぜかちょっと様子が違う。

北九州で生まれ育ち、大学卒業後福岡市で就職したMさんは、同窓会の席で口から博多弁が出たとたん、「うわっ、コイツ博多弁とか使いようけ〜」と同級生一同から非難を浴びた経験が。「それ以来、北九州に帰ってきた時は博多弁を封印するよう気をつけている」と話す。また、遠方から訪れた客に「博多で食べた○○が美味しかった」と言われると腹が立つという小倉北区の活魚料理店女将・Fさんは、「博多なんかに美味しいもんがあるはずない」とライバル心をのぞかせた。さらに、妊娠中に仕事で福岡に行くことがあったというTさんは、「地下鉄では、お腹の大きな私に誰も席を譲ってくれなかった。義理人情に厚い北九州では考えられない話」と怒りをあらわにする。

こうした話から見えてくるのは、北九州市民が福岡をあまり良く思っていないという事実。逆に、福岡の人々も「怖い街」などと北九州に対してあまり良いイメージを抱いていないことが多いため、ふたつの都市の仲が深まることはなさそうだ。

行政面でもガッチリ　関門連携事業

福岡県内の他都市に背を向け、海を挟んで向かい合う下関とばかり見つめ合う北九州。もともと親交の深かったふたつの市が、ここまで仲良くなったのには理由がある。それが、「関門連携事業」だ。古い時代から関門海峡を有する仲間として共に成長してきた北九州と下関は、1987（昭和62）年から市長会談が行われるようになり、より交流が活発になったという。そして、2007（平成19）年に行われた会談では、「市民交流・経済活動・教育文化活動・交通環境・行政間」という5つの連携「関門の5連携」に積極的に取り組むという宣言が出された。

まず、「市民交流」の連携事業としてよく知られているのが毎年8月13日に開催されている海峡花火大会だ。関門海峡をバックに北九州と下関の両岸から打ち上げられる花火は、どちらの市民にも大人気。普通の花火大会では見られない迫力と美しさがあり、お盆という時期もあって毎年会場は大混雑している。

「経済活動」の連携事業としては、観光における連携が大きいだろう。例えば、下関にはあって北九州には水族館がないのだが、それは客を取り合わないようにするためらしい。１９９７（平成９）年には、下関市・北九州市・山口県で構成される関門海峡観光推進協議会を設立し、共に観光宣伝事業・観光客誘致・周遊促進事業などを行っている。他にも、北九州空港の整備と利用促進、需要の拡大を図るために設立された北九州空港利用促進協議会、北九州港と下関港が関門港として連携を進めていくために設立された関門港連携協議会なるものもあるようだ。また、「教育文化活動」の連携事業として便利なのは、両市の居住者は双方の図書館で貸出利用ができるというもの。一見地味な事業だが、よく考えてみるとなかなかすごい。そして、「交通環境」の連携では、両市の往来がより便利になるよう関門海峡道路の早期整備や関門シティ電車構想の推進に向けた取り組みが行われている。

もちろん「行政間」の連携事業もかなり活発だ。きれいな関門海峡の景色を守っていくため、２００１（平成13）年に関門景観条例を施行したが、景観について県域を越えた自治体が同一条文、同一名称の条例を制定するのは全国でも初めての試みだったという。他にも、両市の水道管を連結し、関門トンネルを経由して相互に水道水の融通が行われるように整備されているなど、緊急時に助け合う準備も万全。このように、北九州市民が一方的に親しみを持っているだけでなく、両市は行政面でもしっかりと手を握り合っているのである。

筑後のことは何も知らず、県庁所在地である福岡市にもあまり良い印象を抱いていない福岡県のつまはじきもの・北九州。だったらいっそ、下関市といっしょに海を挟んだ珍しい「関門県」を築くことができれば……と考えてしまうのだがどうだろう。きっと、本来ある、本州と九州という概念まで覆してしまうおもしろいことになるはずだ。

関門海峡のシンボル・関門橋は北九州と下関を結ぶ高速道路上の橋。全長1,068メートルあり、迫力満点。橋の上は風が強く、突風で車が煽られることも

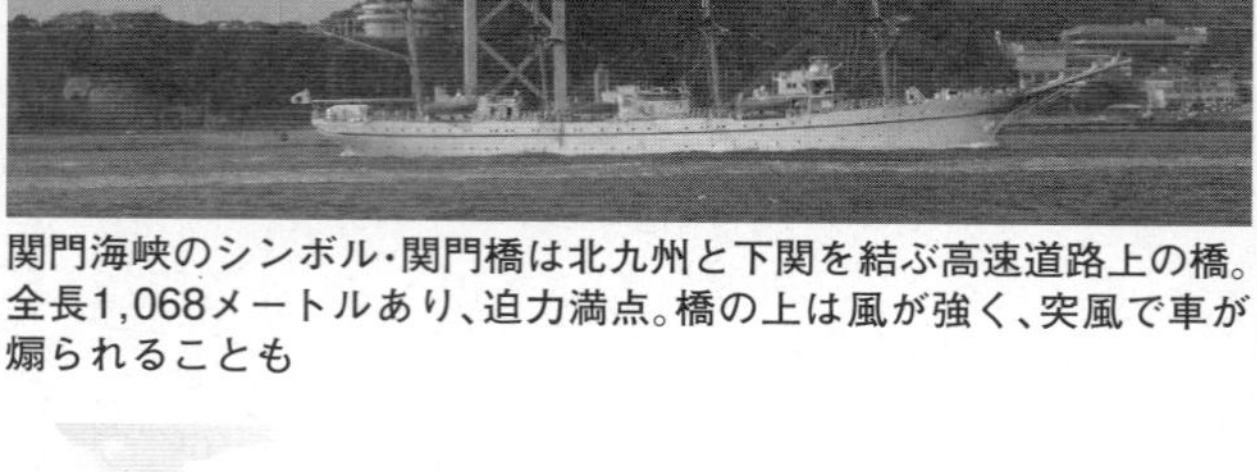

地元の漁師や農家による直売所がある全国でも珍しい市場。旬の魚をリーズナブルに買える他、海鮮屋台で新鮮な魚を味わうことができる「活きいき馬関街」が毎週末と祝日に開催されている

【食文化】グルメシティは博多じゃない 魚のおいしさはピカイチ

関東人もびっくり!? 魚がうまい北九州

旅行の行き先を決める際、「おいしいものがあるかどうか」はとても大切な選定基準のひとつだ。また、「自分の街の自慢は？」と聞かれた際、「魚がおいしい」、「名物のお菓子がある」など、食べ物を挙げる人が多いことからも、街にとって「おいしいものがあるかどうか」がどれだけ重要なことなのかが分かる。街のグルメとは、観光資源であり、住む人の自慢であり、多くの人の生活を支える飯の種でもある宝物。決して「たかがグルメ」などと侮ってはいけないのだ。

北九州にもそんな街の宝、自慢のグルメがたくさんある。ご近所の博多が「おいしいものが山ほどあるグルメな街」と紹介される度に、「北九州の方がおいしいものがいっぱいあるのに」、「水炊きやもつ鍋ばっかり有名になって」と悔しい思いをしている市民は多いのではないだろうか。

特に市民が自信を持っているのが魚のおいしさ。響灘・周防灘・関門海峡という3つの海に面した北九州は、新鮮でおいしい海の幸に恵まれた街。関東から出張や転勤で来た人は大抵、魚のおいしさに驚いてくれる。カサゴ（アラカブ）やコウイカ、サワラ、ウニなど北九州近海で獲れる海の幸はさまざまだが、最も評判が良く市が懸命に売出中なのが「関門海峡たこ」だ。関門海峡の荒波にもまれて育った関門海峡たこは、足が太くて短く身がしっかりと引き締まっているのが特徴。プリプリッとした歯ごたえと旨みの深さで人気があり、ここ数年ですっかり市のブランドとして定着した。ちなみに、関門海峡たこ協議会の会員である漁業者が獲った500グラム以上のマダコとその加工品だけが関門海峡たことして認められるらしい。市ではこのブランドを守るために徹底した管理を行っているようだ。

伝統工芸品も少ない北九州にとって、関門海峡たこは数少ない自慢の独自ブランド（「北九州カニ・カキロード」がある豊前一粒かきや豊前本ガニも盛り上がっているが、こちらは北九州だけのものではないという印象が強いので……）。佐賀の竹崎かにのようにたこ目当てで遠方からたくさんの人が訪れ、食べて泊まっていってくれるようにでもなれば街も潤うだろうが、それはやはり無理な注文か。カニに比べると地味だし……なんて声が聞こえてきそうだが、呼子のいかという成功例もある。いかにできるなら、たこにだって十分できそうだ。まずは市内だけでなく市外、県外でもどんどん有名になってほしいものである。

北九州ではお隣の下関のようにふぐも名物のひとつとして挙げられ、市内にはおいしいふぐ料理の店もいくつかあるが、こちらも市外、県外では広く知られておらず残念な限り。全体的にＰＲが足りていないのでは？　とヤキモキしてしまう。

小倉で生まれたお馴染みB級グルメ

グルメという言葉を聞いて多くの人が思い浮かべるのは、最近日本全国で大流行中の「B級グルメ」だろう。もともとB級グルメは安くてうまい庶民の味方。そのB級グルメでまちおこしをしよう！　という目的で始まった「B－1グランプリ」のおかげで、地元だけでひっそりと愛されてきたグルメの中から、日本中にその名を轟かすスターグルメが次々と誕生している。

スター、とまではいかないかもしれないが、北九州の名物グルメの中にも「B－1グランプリ」がきっかけで全国的に有名になった自慢のB級グルメがある。第1回八戸大会で5位、第3回久留米大会で4位に輝いた「小倉焼うどん」だ。小倉で発祥した焼うどんは、市民が昔から親しんできた味。多くの家庭で焼きそば同様、土日のお昼ごはんの定番メニューとして知られている。

小倉焼うどんのイベント開催や広報活動を行う「小倉焼うどん研究所」によると、乾麺を使用する、キャベツは若松産を使用、豚肉はバラ肉を使用、玉ねぎは甘みを引き出すこと、削り節はアジ・サバ節を使用など、いくつかの定義があるようだ。確かに小倉焼うどんは乾麺ならではの歯ごたえと具材の絶妙な甘みが魅力。店で食べるのはもちろん、土産物として売っている調理セットもなかなかうまい。だが、イベントなどで食べるとイマイチなこともあり、たまたまそれを市外や県外の人が食べていたらと思うと非常に残念だ。小倉焼うどん研究所の定義はマニュアルではなく、小倉発祥という文化の重要性を示すものであり、各々の創意工夫を促している……というが、味にバラつきが出すぎてしまうのはいかがなものだろう。7つある定義のうち5つ取り入れていれば「小倉焼うどん」として認められるようだが、個人的にはもっと徹底させてほしいと感じている。だって、乾麺やバラ肉を使う、という重要な部分が無視されてしまえば、全く違う食べ物になってしまうのだ。また、期待はずれのものを食べなくて良いよう、特にイベントの際の作り手に対する教育もしっかりとお願いしたい（これは全国的に言いたい！）。いくらB級グルメだからといって、食べる人もB級だと思ったら大間違い。簡単にはだまされないのである。

各区に名物アリ　北九州グルメ事情

小倉には他にも有名なご当地名物として「ぬか炊き（ぬかみそ炊き）・じんだ煮」がある。いわしやさばを醤油やみりん、酒などとぬか漬け用のぬか床で煮る郷土料理だが、市外の人に話すと「え、ぬかみそを食べるの⁉」とかなり驚かれる。しかも、大人が酒のつまみにするならまだ分かるが、子どもたちもごはんのお供にしているというのは衝撃的らしい。やはり味には多少クセがあるため、よそから来た人にもてなしのつもりで食べさせると、「なんじゃこりゃ！」と激しく拒絶されてしまうこともある。酒もごはんも進む上に小骨まで食べられて栄養たっぷりなのだが、これが文化の違いというやつなのだろう。お歳暮の品にするのは少々勇気がいる。

もちろん名物グルメがあるのは小倉だけではない。他に全国的にも有名になっているのは、門司港の焼きカレーだろう。誕生のきっかけには諸説あるようだが、昭和30年代に門司港の喫茶店が余ったカレーをグラタン風にオーブンで焼いて出したのが始まりだとか。ごはんの上にカレーと卵、チーズをトッピングして焼き上げた焼きカレーは、普通のカレーよりも奥深い甘みが際立つ一品。家庭でも簡単にでき、必ずと言って良いほどおいしく仕上がるのがポイント。家でも楽しめるが、本場・門司港ではごはんがバターライスだったり、ふぐがトッピングされていたり、ドライカレーが使われていたり……と、各店が工夫を重ねたオリジナルの焼きカレーが味わえるのでおすすめ。「門司港レトロ焼きカレーMAP」なるものもあるので、ぜひご参考に。

では、戸畑・八幡・若松はどうだろう。テレビに登場する機会も多く、最近知名度が上がりつつあるのが「戸畑ちゃんぽん」と「八幡ぎょうざ」だ。共に製鉄で栄えてきた街らしく、戸畑ちゃんぽんも八幡ぎょうざもかつて八幡製鉄所で働いていた労働者たちに好まれたのがルーツ。ボリュームが多く調理が早いちゃんぽん、スタミナたっぷりのぎょうざ。どちらも確かに働く男が好きそうだ。

そして、最近まであまりパッとした名物がなかった若松にも新しい風が吹き始めている。昔からこの地で食べられていた一銭洋食を元に、２０１２（平成24）年に設立された「ぺったん若松焼き隊」によって開発されたという「ぺっ

通常、ちゃんぽんにはゆで麺が使われているが、戸畑の名物「戸畑ちゃんぽん」は細めの蒸し麺を使っているのが特徴。労働者たちに愛されてきた味

たん若松焼き」だ。

すでに有名な焼うどんやオリジナリティの高さと展開のしやすさで有利な焼きカレーに比べ、これらの3グルメは広げていくのが難しそうな気も。しかし、水炊きやもつ鍋、明太子に負けてばかりはいられない！　各区が一丸となって厳しいグルメ戦争を勝ち抜いてくれることを期待している。

小倉駅近くにある北九州屋台街「小倉十三区」には、関門海峡たこの専門店が入っている

北九州の台所といえば「旦過市場」。細い通りの両側には、複数の魚屋をはじめ、さまざまな店が軒を連ねており、新鮮な魚はもちろん、ぬか炊きなどの北九州名物も手に入る

【産業】有名企業も勢揃い ものづくりの街・北九州

現代に受け継がれるものづくりのDNA

「富国強兵・殖産振興」を唱え、製鉄所の設立を目指した明治政府により、1901（明治34）年、日本で初めての近代製鉄が誕生した。それが、北九州のシンボル「官営八幡製鐵所」である。以来、製鉄の街として栄えた北九州と石炭で栄えたこのエリア一帯は、かつて「北九州工業地帯」と呼ばれ、京浜工業地帯、中京工業地帯、阪神工業地帯と共に四大工業地帯として教科書にも掲載されていた。学校で習ったという人も多いだろう。だが、現在は他の工業地域が北九州工業地帯の生産を上回るようになったため、残念ながら「北九州工業地域」と呼び名を変え、四大工業地帯からは外されてしまった（現在は京浜・

中京・阪神の三大工業地帯として掲載）。しかし、日本の近代化を支えてきた〝ものづくりの街〟としてのＤＮＡは健在。２０１２（平成24）年、かつての八幡製鐵所である新日本製鐵と住友金属工業が合併して誕生した新日鐵住金をはじめ、産業用ロボットの生産でその名を世界に轟かす安川電機、トイレ・洗面器などの衛生陶器の分野では右に出るものがいないＴＯＴＯなど、優秀な企業が数多く集まっている。

また、工業地帯として栄えたために発生した深刻な公害を克服した経験とノウハウを活かし、「環境未来都市」として先進的な取り組みを次々と行ったり、市の産業を観光資源として活用する「産業観光」を積極的に推進するなど、大切な資産を上手く二次利用し、新たな産業を生み出しているから賢い。石炭と鉄で発展してきた北九州は今、それらを支えた先人たちの魂を受け継ぎさまざまな発展に向かって動いている。つくづく、根性の座った精神力の強い街だと感心してしまう。

歴史と遺産を武器に市の産業をＰＲ

環境未来都市としての取り組みや新しく生まれている環境関連の産業については別の頁でも記しているので、まずはここ数年市が力を入れている産業観光について少し紹介したい。

産業観光とは、簡単に説明すると「市のものづくりの歴史と技術」を見てもらおうという取り組みのこと。産業が生み出した、観光という名の新たな産業というわけだ。当たり前のことだが、ものづくりの街として発展してきた北九州には、その歴史を物語る産業遺産が数多く残され、市の貴重な財産となっている。そうした財産をただ見てもらうだけであれば、ただの観光と何ら変わりはない。そうなると、かつて港町として栄えた証である華やかな建築物を見てもらおう、という門司港レトロも立派な産業観光だということになってしまう。産業の歴史と遺産を知るだけでなく、現在もものづくりの街としてのＤＮＡを受け継ぎ、さらに発展を続けているという現状を間近で見てしっかり感じてもらおう！　というのが産業観光の特徴なのだ。

北九州の産業観光には４つの柱がある。ひとつは以前から話題となり人気を得ている「工場夜景」だ。洞海湾沿岸には化学工場やプラント群があるほか、小倉から戸畑にかけての製鉄所は大きな見どころ。中でも小倉製鉄所にある２０５メートルの煙突には「北九州アイアンツリー」という名称がつけられており、美しくライトアップされている。もうひとつが北九州エコタウンセンターなどを見学する「環境観光」。そして、市内の有名企業の工場などを見学する「工場見学・資料館」と北九州ならではの「産業遺産」だ。特に、２０１５年には、「官営八幡製鐵所関連施設」を含む「明治日本の産業革命遺産 製鐵・製鋼、造船、石炭産業」が世界遺産に登録されたことにより、北九州の産業遺産の価値はまたグンとアップした。

個人でゆっくり巡るのも良いが、旅行会社等が企画・募集しているツアーに参加するのもおすすめ。工場夜景ならクルーズで２５００円、工場見学系なら若戸大橋と安川電機のロボット工場などを堪能できるツアーが９９００円で募集していた（２０１６年２月現在）。子ども時代の社会科見学を思い出し出かけてみてはいかがだろう。工場見学を選ぶ際はお土産の内容をチェックするのを忘れずに。

新たな活路になるか　海外水ビジネス

これまで紹介してきたように、現在の北九州の産業は「ものづくり」と「環境」というふたつのキーワードが軸になっている。そこで、それらを活かした新しい産業として市が民間と協力しながら取り組んでいるのが「海外水ビジネス」だ。

実は北九州市は、カンボジアや中国などアジア各国の水道整備や、川や海の水質改善に関する技術協力に力を入れてきた自治体。これまでに培ってきた上下水道技術で、世界の水資源不足や水質汚濁といった水問題の解決に貢献し、これをビジネスにしようという取り組みが他都市よりも積極的に行われているのだという。水ビジネスは、２０２５年には世界で90兆円の規模に成長するともいわれている期待の大きな分野。市は全国に先駆けて官民による「北九州市海外水ビジネス推進協議会」を設立し、早い時期からセールスプロモーションに取り組んでいたようだ。

海外水ビジネス推進協議会設立の目的は、海外水ビジネスの市場拡大や北九州市の都市戦略と水ビジネス展開など。市の関係者をはじめ、北九州商工会議所、ＪＩＣＡ九州などの関係機関、(財)北九州上下水道協会や市内外の民間企業計57社（設立当初。会員企業数は現在かなり増えている様子）で構成されており、海外の現地ニーズの調査や具体的な案件形成に向けた検討を行っているという。武器は、アジアに開けた地理的優位性をはじめ、国際技術協力によって培ったネットワークと、現地に精通した情報の収集力。そして、市が(独)新エネルギー・産業技術総合開発機構（ＮＥＤＯ）と協力して開設した「ウォーターープラザ北九州」だ。

市の資料によると、ウォーターープラザ北九州は、世界の水問題解決のため、持続可能な水の循環型社会を提供する施設。先進の水循環システムの運営実証と機器支援が行える国内初の場所なのだそう。世界規模で水不足が深刻化する中、下水等の生活排水や海水などを原水として工業用水や飲料水を造水するシステムを導入し、地域に適した解決策を提供しているという。このウォータープラザ北九州の存在が、市の海外水ビジネスを後押ししているようだ。

もう鉄だけじゃない　新産業、続出か⁉

市は海外水ビジネスだけでなく、アジア各国と深く連携しながら地元企業の国際ビジネスへの参画も応援。友好都市である中国・大連市には、海外テストマーケティング拠点である「大連チャレンジショップ（北九州ギャラリー）」を開設し、市内の企業や生産者の中国市場での販路開拓を推進している。また、自動車や造船などの製造業が盛んな韓国・慶尚南道や、製造拠点や販路開拓先として将来的に有望だと目測されるベトナム・ハイフォン市との相互交流を実施しているという。

さらに、日中韓の主要10都市の行政および経済界の代表によって組織される「東アジア経済交流推進機構」にも参加し（日本は北九州・下関・福岡の3都市）、相互の経済活性化に向けた取り組みも行っているようだ。

現在でも北九州には鉄鋼関連企業が多く、「製鉄の街」のイメージは今もこれからも変わらないだろう。しかし、新しく手に入れた「環境」という得意分野を活かした産業や、アジアに目を向けた新ビジネスの展開により、〝鉄だけでは終わらない〟市の姿を国内外に見せることができるに違いない。市は現在、さまざまな「北九州ブランド」の創造にも力を入れており、これからどのような新ブランドが誕生するのかが楽しみなところである。

ものづくりの街として培ってきた技術、日本の近代化を支えた産業遺産、都会も田舎もあり、山も海も川もあるという恵まれた自然環境……。どんなものでも活用し倒して、新たな産業もどんどん生み出してほしい。

そうそう、北九州は他都市に比べ圧倒的に災害の少ない低リスクな街。全国の皆さん、会社や工場の建設地や引っ越し先にどうでしょう。良い産業用地、まだまだ余ってますよ～。

1901年に官営製鉄所として操業を開始した八幡製鉄所。現在は新日鐵住金が運営しており、昔と変わらず時代をリードする最先端の製品たちが製造されている

トイレや洗面器などの衛生陶器でお馴染み。日本人で知らない人はいないと思われる「TOTO」も北九州に本社を置く企業。小学生時代に工場見学に行ったという人も多いはず

北九州が誇る世界の大企業「安川電機」。主にモーションコントロール・ロボット・システムエンジニアリング・情報という4つの分野で社会の発展に貢献。産業ロボットの分野では世界一

名前を聞くと頭の中であのＣＭソングが流れてしまう「シャボン玉石けん」。本社は若松にあり、自然と身体に優しい無添加石鹸の製造と販売を行っている

【環境】目指すは〝世界の環境首都〟追いつかない市民の気持ち

絶望的な状況から奇跡の環境再生

日本初の近代的製鉄所によって「製鉄の街」として繁栄した北九州は、同時に「公害の街」として深刻な問題を抱えることになった。工業排水がそのまま流されたため、ヘドロにまみれ魚はおろか大腸菌さえ棲めない「死の海」と化した洞海湾、汚染が進み「黒い川」となった紫川、製鉄所から昇る「七色の煙」で覆われ、日本一の降下じんばいを記録した空。そんな状況を救ったのは、子どもたちの健康と未来を心配した母親たちによる自発的な取り組みがきっかけだったという。

女性たちの市民運動はやがて社会からの注目も集めるようになり、企業や行政の公害対策強化を促進。市民・企業・行政が一体となった取り組みが始まった。市は公害対策組織を整備。公害の状況を監視する公害監視センターを設置したり、公害を科学的に研究する組織を立ち上げるなどの取り組みを開始させたという。また、1967（昭和42）年には企業と公害防止協定を締結したり、1974（昭和49）年には洞海湾ではヘドロを取り去る大規模な工事を行うなど、次から次へと環境対策を実施していった。そして、公害を生み出していた企業側も、生産工程を改善したり、工場緑化を行ったり、汚染物質の除去処理施設を設置するなど積極的に動いていったという。

その結果、昭和50年代後半には環境が劇的に変化。絶望的な公害を克服した奇跡の街として国内外に紹介されることになった。

そうした経緯によって公害克服の技術と経験、ノウハウを得たことにより、その後北九州は全国でも先進的な「環境の街」として歩むことになる。目指すのは「世界の環境首都」。何だかやけに規模の大きな話であまりピンと来ないかもしれないが、北九州は環境NGOが主催する「日本の環境首都コンテスト」において2回連続で1位を獲得した実力もあり、まったく見当違いな目標というわけでもない。市は環境首都を創造するために「環境行動10原則」を設定。

・市民の力で、楽しみながらまちの環境力を高めます
・優れた環境人財を産み出します
・顔の見える地域のつながりを大切にします
・自然と賢くつきあい、守り、育みます
・都市の資産（たから）を守り、使いこなし、美しさを求めます
・都市の環境負荷を減らしていきます
・環境技術を創造し、理解し、産業として広めます
・社会経済活動における資源の循環利用に取り組みます
・環境情報を共有し、発信し、公道します
・環境都市モデルを発信し、世界に環を拡げます

という行動原則を市民に呼び掛けているが、果たしてどれだけの市民がこの原則を知っているというのか……。

しかし、市は市民が理解していようがしてなかろうが、そんなことはまるでお構いなし。環境に対する取り組みは駆け足で進められ、環境問題に深い興味

とある程度の知識を持つ一部の市民以外は完全に取り残されている状態。ほとんどの市民は、「環境首都？　何ソレ？」、「エコタウン？　誰が住んでんの？」、「ビオトープ？　ウチの近所の公園も草ボーボーになってるんだけど（怒）」とまぁこんな感じだ。もちろん、市が行う取り組みについては、パンフレットやホームページの作成、市政だよりへの掲載など懸命な広報活動を行っているようだが、これもやはり興味のある人が読むばかりでそうでない人に読ませるのは至難の業。例え読んだとしても、ある程度知識がないと「へぇ、すごい！」と感心することすら難しい内容も多く、両者の距離が縮まる気は一向にしない。環境そのものや北九州という街自体にもっと興味を持ってもらうための活動も必要なのではないだろうか。

環境エリート教育で市民をレベルアップ！

だが、今の子どもたちが大人になる頃には状況が変わっているだろう。現在の北九州市は、全国の中でも環境学習にかなり力を入れている都市だからだ。

市内の子どもたちは小学校で公害克服の歴史を学び、環境体験科という授業の中で「環境ミュージアム」や「エコタウン」の見学をするというから、今の大人たちとは教育環境がまるで違う。自然と環境に対する興味や知識が育ち、市の取り組みに積極的に参加する人もきっとこれからは増えていくことだろう。

ところで、「持続可能な開発のための教育」を意味するESDという言葉を知っているだろうか。市の資料によると、ESDとは「一人ひとりが環境との関係の中で生きることを認識し、よりよい社会づくりに参画するための力を生む、人権教育や環境教育」のこと。これは北九州だけの取り組みではなく全世界で行われているものなのだが、北九州のESD活動は国連大学が全世界で進めているESD推進のための地域拠点のひとつに認定されているという。こうした背景も、環境教育をさらに盛り上げているようだ。

環境教育に関する取り組みの中でも次のふたつは比較的注目度が高いかもしれない。ひとつは市民の環境力の強化を図るという目的で行われている「環境首都検定」だ。環境首都と言われると何だか難しそうな気もするが、要するに環境首都とは誰もが「ここに住み続けたい！」と思う持続可能な街のこと。そのために市が行っている取り組みや成果を知ってもらおうという検定なので、受ければ環境について学べるだけでなく、自分たちの街について深く知ることができる良い機会になるだろう。試験は小学生レベルのジュニア編と中学生以上の一般編、そして上級編があり、受験者は年々増えている様子。市内の書店では公式テキストを購入することもでき、グループ受験も行われているらしい。今後この環境首都検定に合格した実績を持っていることが北九州市民の特徴のひとつとなり、他都市で出身者が重宝される日が来るかもしれない。

もうひとつは「環境修学旅行」の誘致だ。曽根干潟や平尾台、響灘ビオトープでさまざまな生き物の生態を学んだり、次世代エネルギーパークで太陽光発電や風力発電などの自然エネルギーについて学んだり、エコタウンで３Ｒについて学んだり……。学生の気持ちを考えると、もっと楽しい場所に行かせてあげたいと思ってしまうが、環境問題への関心が高まっている今、学校側としては「ぜひこのような場所で修学旅行を」と思うものなのだろう。市はモデルコースを紹介しているが、スペースワールドなどのアミューズメントや観光が盛り込まれたコースならまだしも、丸々２日間どっぷり環境学習というコースが採用された場合、学生たちはどのような思い出づくりを行うのだろうと若干心配になってしまった。ちなみに、旅行のお供として食べられる海苔カップを使用した手づくりの「エコ弁当」や、廃棄物として処分されていたソファー生地でつくったティッシュケースやペンケースなどの「エコ土産」も用意されている。市の環境に対する取り組みが誰の目にも明らかな経済効果を生めば、市民の意識も変わってくるのではないだろうか。

北九州は２０１１（平成23）年12月に「環境未来都市」に選定された。これは、他都市に先駆け地球温暖化やエネルギーなどの環境問題や超高齢化といった課題解決に取り組み、「誰もが暮らしたいまち」、「誰もが活力あるまち」の実現を目指すと共に、その成功事例を国内外へ普及・展開していくという国家プロジェクトのひとつ。そのため、市の取り組みには国からの財政支援が見込まれ、経済効果や生活の質の向上も期待できるという。これも環境首都を目指し行ってきたさまざまな取り組みが評価された結果だ。海も川も空も真っ黒だった昭和30～40年代、北九州がそんな都市に成長するなんて誰が想像しただろう。５市合併によって百万都市となったものの１９７９（昭和54）年には福岡市に人口を抜かれ、現在はついに百万人を切り、「それでもまだ〝わっしょい百万夏まつり〟とか言いよると？」と福岡市民に馬鹿にされている北九州。だが、「環境」という大きな武器を手に入れた今、この街にはかつての栄華に負けないほどの繁栄が待っているかもしれない。

環境未来都市となった市が目指しているのは、２０５０年の未来に向けたまちづくり。その目玉は、八幡東区の工場跡地に広がるスマートコミュニティの実証実験だという。ＩＴを活用して電力需給の最適化を図る電線網・スマートグリッドを核とした新しい社会が実現すれば、各家庭の電力の大半は太陽光発電でまかなわれ、街には電気自動車や水素自動車が走り、工場廃熱などの産業エネルギーを地域で有効活用するような街になっていくらしい。

自分たちの暮らしが便利で快適になるのなら、市民もさすがに「環境首都？何ソレ？」とは言わなくなるだろう。後はドイツの環境省のようなエコスタイルの市役所を建てたり、フランスのトラムのようにきれいな芝生の上を復活した路面電車が走ったりすると、見た目にも「環境の街」として相応しくなりそうだ。市民がアッと驚く見た目にも派手な取り組みをぜひ期待したい。

スペースワールド駅から徒歩5分の場所にある「北九州市環境ミュージアム」は、市民のための環境学習・交流総合拠点施設。公害克服の歴史や地球環境のこと、環境技術などについて学べる

クリーンエネルギーの積極的な導入を進める北九州市は、響灘風力発電施設を建設。10基の風車が稼働し、年間約3,500万キロワット時（約1万世帯分の年間電力消費量）を発電している

【犯罪】怖い街で名を馳せるも他人事で平和な市民たち

ダークなイメージがさらにダークに……

福岡県は指定暴力団数が全国トップの５団体。発砲件数も日本一であり、県外の人々から恐れられている。特に北九州市は県内の他地域よりもダークなイメージが強いとされているが、何も5団体全てが北九州にあるわけではない。指定暴力団のうち北九州に事務所があるのは1団体のみだ。といっても、そのひとつの規模がかなり大きいのだが……。

過去の暴力団関係の事件の多さや悪質な事件の発生などにより、昔からダークなイメージが定着している北九州だが、２０１２（平成24）年はそのイメージがさらに悪くなってしまった1年となった。福岡県の条例に基づき市内の飲食店などが「暴力団員立入禁止」の標章を掲げだして以来、次から次へと飲食店関係者が刺されたり、「次はおまえだ」と脅迫電話がかかってきたり、放火されたり……という暴力団関与の可能性がある事件が相次いだからだ。もし本当に暴力団が関与しているのだとすれば、相手が一般市民なのだから問題は非常に深刻。危険を感じた飲食店経営者たちはすぐに標章を取り外したが、小倉北区の繁華街はすっかり閑古鳥が鳴き、どこの店も大きな痛手を負ったという。忘年会シーズンになっても「小倉の繁華街は怖いから今年の忘年会は近所の居酒屋で」なんて話す市民も多く、北九州の中心部が賑やかさを取り戻すのはいつになるのか、そもそもそんな日が本当にやって来るのか、現在のところ先は全く見えていない。

市民は「もっと警察にしっかりしてほしい」とやきもきしているが、もちろん警察が何も対応していないわけではない。小倉の街は車で30分も走れば4～5台のパトカーとすれ違うほどパトロール活動が活発になり、街中には他県から来た警察官がぞろぞろ。そのせいか聞き慣れない方言で検問を受けることもあり、多くの応援が来ていることが分かる。だからといって安心して週末に飲み歩けるようになったわけではなく、市民の不安はこれからも続くだろう。

本当に怖いのは北九州か福岡か

今回の件で市民の危機感は少々増したと思われるが、そもそも北九州の人々は他都市の人が考えているほど自分たちの街をダークだとは思っていない。確かにヤンキーはたくさんいるし、荒れている学校も多い（数年前、「ありのままの公立中学校」というテーマで、小倉のある中学校が報道番組で取り上げられ、荒れた様子が全国に放送された）。車の運転が荒い人も、気の荒い人も多い。だが、多くの市民はそんなことをものともしていない。「怖い街だなんて言われるけど、私は毎日平和に暮らしてるし、なんでそんな風に思われてるんだろ？」と不思議に思っているのだ。そして、北九州は暮らしやすく安全な街。怖いのは筑豊や福岡エリアの方だと本気で考えているのである。特に「北九州は怖か～」なんてことをすぐに言い出す福岡市民にはむかっ腹が立つ、という人も多い。

では、実際にはどうなのか。ライバルの福岡市と北九州市の犯罪の実態を調べてみた。

福岡県警察が発表している2015(平成27)年9月の福岡県刑法犯市区町別認知件数(確定値)によると、刑法犯の合計数第1位は福岡市博多区、2位は福岡市中央区、そして3位は福岡市東区となっている。さらに、4位は久留米市で、5位が北九州市小倉北区だ。犯罪率ではなく犯罪数でのランキングなので、どうしても人口に比例してしまうという点はあると思うが、最近問題の多い小倉北区が登場するのはようやく5位であり、1~3位は福岡市が独占。北九州で事件がある度に博多っ子たちから「また北九州やん、怖か~」と嫌味を言われていただけに少し意外な結果だった。

しかし、もっと細かく調べていくとおもしろいことが分かる。刑法犯の合計では5位だった小倉北区だが、その詳細を見てみると「凶悪犯」という項目では3位にランクアップ。そして、「粗暴犯」という項目ではなんと1位に輝いていた。やはりイメージ通り、人々が「怖い!」と感じる荒々しい犯罪が多い街ということになる。ただ、福岡市との対決は、正直どっちもどっちという結果。「北九州は怖か〜」なんて、福岡のヤツらに言われる筋合いはなさそうだ。

〝脱ダーク〟対策が残念な結果に

その街がダークな場所かどうかを他都市の人々が客観的に判断する際、基準となるのはおそらく「どれだけ犯罪関連のニュースに登場したか」と「暴力団が多いかどうか」だろう。そうなると、凶悪犯と粗暴犯が多い北九州はどうしてもニュースに登場する頻度が多く、「また北九州か」という印象を持たれてしまうし、暴力団に関するニュースも多いため、やはりダークな街だという印象を持たれてしまうだろう。この地に慣れ親しんだ市民にとっては住みやすく良い街なのだが、ニュース番組などでしか北九州を知らない人（特に県外）にとってはただの怖い街。ほとんどの市民が平和に暮らしているという事実はあまり信じてもらえないかもしれない。反論したところで「慣れてしまい感覚が鈍っているだけ」と言われるのがオチだろう。

福岡県では２０１０（平成22）年４月１日、街から暴力団を排除するために全国で初めて暴力団排除条例を制定したのだが、２０１２（平成24）年2月1日に同条例を改正・強化。その中で小倉北区の魚町や鍛冶町、京町などの暴力団排除特別強化地域内にあるスナックや居酒屋では、公安委員会が定める「暴力団員立入禁止」の標章を掲示することができるようになった（といっても飲食店側が喜び勇んで掲示したのではなく、警察が何度もお願いに来るので仕方なく貼った、という店が多いらしい）。が、それが逆に数々の事件につながってしまった。もう誰も標章を掲示しないだろうし、北九州はますます〝脱ダークク〟が困難な状況に陥っている。福岡県警察はこの事態を一体どうするつもりなのだろう。

平成21年に移転した立派な小倉北警察署。北九州一の繁華街が管轄なため常に大忙し。指定暴力団工藤会の取り締まりに力を入れている

一連の事件を受け、「暴力団員立入禁止」の標章をかかげたスナックが全焼する騒ぎのあった小倉北区堺町。放火の可能性が高いというが、事件は未だ解決されていない

福岡市博多区にある福岡県警察本部。暴力団対策だけでなく、飲酒運転の撲滅に組織を挙げて取り組んでいることでも全国的に知られている

第2章
街の個性を築き上げたワケありな歴史

東と西の一体感のなさは歴史的に仕方ないのだ！

由緒正しさはトップクラス

どーにもこーにも田舎扱いされがちな北九州市。南に福岡（博多）、東に山口と大都市に囲まれ（山口は今やそれほどでもないが）、何となく肩身の狭い思いをしてきた歴史がある。

とはいえ、その歴史は古く深い。そもそも北九州市一帯は、石器時代からの長い歴史がある。氷河期には対馬を経由して大陸と地続きだったこのあたりからはナウマン象の化石なども出土しており（小倉南部など）、八幡西区からは8~9万年前の石器が発見されている。要するに太古の昔から最先端地域であったのだ。

北九州市の「最先端」ぶりは以降もずーーーっと変わらず、先進国であった中国や朝鮮半島で動乱があるたびに、そこから逃れてきた人々を受け入れてきたこともあり、常に日本トップクラスの技術と知識がやってくる場所であった。日本の統一王朝が近畿を首都としてからも、大陸との貿易・文化交流の窓口は博多を中心とする九州北部から動かない。要するに、今で言うところの横浜あたりの地位に君臨していたわけである。

とはいえ、北九州市全体が、そういう地域であったかといわれれば、ちょいと疑問符が付くところが事態をややこしくしている。どうにも北九州市は「市としての一体感がない」といわれることも多いが、これは大合併の弊害どころの話じゃなく、もっと根深い。

というのも、現在の北九州市は、旧筑前国エリアと旧豊前国という「ふたつの国」の一部ずつが合わさってできていることも原因のひとつ。江戸時代までの行政区分は基本的には国単位で分けていたし、「隣国」同士が基本的に仲が悪いのは世界共通。ましてや歴史の古い地域だ。2千年にわたる「気にいらねえ隣者」と一緒の「市」になっているわけだから、基本条件からして一体感が出る要素が少ないのである。

北九州は純日本？　博多とは違う？

古くから国際色豊かな九州北部。当然北九州市もそうしたエリアに含まれるのだが、それは全国的に見た場合。九州北部の中でみると、実は北九州市はちょっと特殊なエリアである。

というのもその立地。国際都市である福岡（博多）が対馬・朝鮮半島に直結の場所にあるのに対し、北九州市、特に豊前国エリアの門司、小倉は関門海峡を挟んで本州と直近である。このことから、歴史的に北九州市の東側（豊前国北部）は、大陸貿易の拠点というよりも「瀬戸内海エリア」に属していた。これは平安時代の藤原氏を始め、鎌倉から戦国時代に中国地方で大勢力をはった大内氏が「唐物」（中国からの輸入品のこと）貿易を独占したことで、日本全国の経済を操っていたことから考えても、北九州市の東側は本州、それも山口とのつながりが非常に深く、なおかつ京都に直結した九州だけど本州に近いエリアであった。

それに対し八幡、若松、戸畑など筑前エリアは、どちらかと言えば博多を中心とする筑前国の「田舎」であった地域だ。日本海に面してはいるが、外国のきらびやかな船がやってくるのは博多。山の多いこの一帯は、国際貿易で賑わう博多や瀬戸内海貿易で賑わう北九州市東部とは縁の薄い場所。要するにそもその「人種」が北九州市内でもかなり違うのである。こうした積み重ねが、現在のバラバラ感に一定以上の影響を与えているのではないだろうか。

江戸時代の藩構成がさらに拍車を？

さらに江戸時代の藩割りが、バラバラ感の形成に拍車をかけた。北九州市の中心のひとつである小倉には、最初細川氏が入ったが、国替えで熊本に去った。代わりに入ったのは小笠原氏。バリバリの徳川譜代大名である。

江戸幕府は、信用のおける譜代大名を要所要所に配置し、いつ裏切るか分からない外様大名を監視させた。しかし、譜代大名にはあまり広い領地を与えな

旧国境MAP

かったこともあり、北九州市のうち豊前エリアには、小笠原一族を中心とした小藩が林立することとなった。それに加えて、前述の筑前エリアは大藩である福岡藩（黒田藩）の領地。そもそも別の国であることに加え、譜代大名と外様大名の領地であるという「分断」っぷり。バラバラじゃないほうがおかしいというのが、「歴史的経緯」というべきなのだろう。

北九州のシンボルとなっている小倉城。天守だけでなく庭園など周辺もきれいに整備されており、市民の憩いの場として知られている

福岡市では現在、「福岡城跡整備基本計画」を進行中。その一環として旧母里太兵衛邸長屋門の保存修理工事を行い、平成27年4月に完成した

大内氏の時代のなごりか文化は九州よりも本州より

小倉は小京都の一部？　花咲ける大内文化

「小京都」という言葉がある。ちゃんとした定義もあって、
①京都に似た自然と景観
②京都との歴史的なつながり
③伝統的な産業と芸能があること
という条件も満たす必要があるそうだ。

で、この定義ってどこから来たの？　と思われる方もいるだろうが、これは「全国京都会議」という、「小京都として認められている」地域があつまってできた団体が作ったもの。つまりこの団体に参加している自治体が「本物の小京

都」として認められる都市なのである。この団体の加盟自治体は47（本家京都市を含む。２０１６年2月現在）。

で、この中に北九州市は入っていない。じゃあなんでこんな話をしたのよ、と言われても仕方がないのだが、ちゃんと北九州市に関係があるのである。

47もの都市が小京都を名乗っているが、ラインナップを見るとかなり疑問符の付く場所が多い。つーか疑問符どころか「嘘つくな」レベルの自治体が大半だ。

そんな中、数少ない「誰もが認める小京都」として輝きを放つのが山口県の山口市である。というか本当に誰もが認めるのは山口ぐらいじゃないの？　という勢いだ。さて、やっと北九州市を登場させられるところまで来た。

山口を「小京都」として確立させたのは、鎌倉時代から戦国時代にかけて大勢力を誇った大内氏である。大内氏は本姓を多々良氏といい、なんと百済（朝鮮半島にあった王朝）の王族の末裔だという。つまり渡来系名門貴族の出ということだ。彼らは山口を拠点に瀬戸内海貿易を支配し、強大な力を誇った。いち早く戦国大名への転身を遂げたことからも、軍事・経済に優れ、なおかつ相当の先進性を持っていた一族だった。室町時代以降は豊前にも勢力を伸ばし、朝鮮半島と独自に貿易を行うなどして全盛期を築く。このとき、門司や小倉などの北九州市エリアが大きく発達することとなった。

こうした経緯から、北九州市には地元九州色の強い他のエリアと違い、京風文化の影響下にあるという伝統がある。福岡県では秋月（朝倉市）が小京都として名をはせているが、北九州市は「本家小京都」である山口の「一部」である門司や小倉などの都市のほうが、小京都としてふさわしいのである。

北九州発祥の文学も多いぞ！

これまで見てきたように、北九州市は歴史的に先進地帯である中国・朝鮮半島や国の中心である京都とのつながりが深い地域が集まってできている。

こうした場所なので、当然のように優れた文学も生まれている。火野葦平・森鴎外・林芙美子といった文豪たちが暮らし、北九州を題材にした作品などを残している。

……確かに優れた文学者である。まあ森鴎外はいいとして、しかし、火野葦平と林芙美子というのは、これまでの流れからしてどうなのよという名前が出てきてしまった。火野葦平は、自らの従軍体験から生まれた「兵隊三部作」や、自伝的小説『花と龍』が有名だ。『花と竜』は、表面的にはヤクザ小説。というかタイトルの「龍」は入れ墨のことである。

林芙美子といえば『放浪記』だ。これも自伝的小説で、職を転々としつつ、とてつもない貧乏生活にも一種明るく立ち向かう主人公が多くの感動を生んだ名著である。

なんだろう、歴史的にも文化的で、優れた作家を輩出し、優れた作品の舞台となった北九州市だが、ここにきて「ガラが悪い」「ビンボー」というイメージが際立つシンボルが登場してしまった。

だがこれも、れっきとした北九州市の歴史に根付いたものである。そもそも、北九州市のように貿易が盛んな先進地域には、気合いの入った商人が集まるもの。実際貿易商と海賊の境界線などあいまいというか実際イコールの関係にあり、荒っぽいこと甚だしい。お金が回っているからビンボー人も存在できるわけで、これまた、北九州市が恵まれた歴史をもつことのひとつの証といえる。

山口市にある国宝・瑠璃光寺五重塔は、日本三名塔のひとつとして知られる美しい塔。大内文化を今に伝える重要な建造物だ

小倉や門司に小京都風の町並みはないが、小倉城周辺では風情ある歴史散策を楽しむことができる

城下町から企業城下町へ長く続いた依存型の環境

ありあまる産業が北九州を支える

太古の昔から江戸時代に至るまで、北九州市は大陸貿易と瀬戸内海貿易ルートの中継地点として活躍してきた。まあその本家は博多（大宰府）と山口じゃないのかといわれてしまうと、まあその意味で「二番手感」を払拭することはできないのだが、それでも中心のひとつであったことは間違いない。この大きな流れは明治以降も変わることがなく、そしてそれまで以上に発展した。

明治維新により欧米列強の帝国主義が支配する世界の荒波にこぎ出した日本は、急速な工業化を進めたのだが、その際重要な拠点となったのが北九州市一帯である。

維新後の大きな課題に、軍隊の近代化と世界経済に参加するための輸出製品の確立があったが、なにをするにしても燃料は欠かせない。ちょうど、北九州市では、江戸時代にはすでに筑豊炭田（筑前・豊前にまたがってるから「筑豊」の名が付いた）が発見されており、石炭の利用が進んでいた。これに目を付けた明治政府は大規模な炭坑開発を行い、大量の雇用を産み出した。

さらに、筑豊炭田の直近にあたる八幡には、近代的な官営製鉄所が作られた。燃料である石炭をすぐ近くから持ってこられる上、原料の輸入や製品の搬出を近隣の港でまかなえる北九州市は最高の立地条件にあったのである。

こうした巨大産業があるところには、当然人が集まってくる。人が集まってくれば、これまた当然生活必需品を扱う商店や飲食店などが必要になるし、家を建てる土建屋も必要。娯楽施設もないといけないし、そもそも多くの産業の基本となる燃料や鉄鋼を作る場所のそばに、それらを利用するその他ジャンルの工場を作った方が楽、ともうなんでもかんでも集まってくる。

こうして、元々貿易の拠点として、気合の入った商人が出入りしていた地域であった北九州市一帯には、より一層の労働者が集まってきたのである。

集まった労働者はどんな人？

　ではどんな人々が集まってきたのであろうか。筑豊の労働者を研究した高橋伸一佛教大学教授のレポートによれば、そもそも江戸時代の石炭採掘は近隣の貧困農民による「副業」的なものとして始まったそうだ。その後、石炭の商品価値が上がるに従い、福岡藩などが領外を含む広い範囲から労働者を導入し、組織化されていった。

　明治以降はこれを近代化し、またかなりの部分を国有化することで、採掘量の強化が図られた。

　しかし初期においては、炭坑労働があまりにもきついため、なかなか労働者を集めることができず、対応策として囚人による強制労働で労働力を確保したそうだ。

　江戸時代の「領外からの労働力」は、「旅人」と呼ばれ、その中には前科者なども含まれていたそうだ。ほぼすべての人間か居住区から離れることが許されていなかった江戸時代では「流れ者」の時点でうさんくさい存在だったたし、その後囚人が投入されたことで、炭鉱労働者＝ガラが悪いというイメージが定着していったということのようだ。

石炭産業の発達と共に、囚人労働者などの比率は低下していったが、戦後に入ると戦災のひどかった東京、大阪などの大都市圏や、海外からの復員者が多数流入した。このように、筑豊炭田で働いた人々は、初期は「ワケあり」の人が多くガラが悪かったこと、後には経済が崩壊した社会状況の中、失業に追い込まれた人々が集まっていたことから、必然的にガラの悪い空気が形成されていったのだろう。

不景気と産業崩壊にみまわれる北九州

とはいえ、江戸時代末期、明治初期、戦後と日本の経済、社会システムが崩壊したときに、そこで発生した失業者を多数救ったのが筑豊炭田であったことは紛れもない事実だし、そこで産出された石炭が日本を大きく発展させ、また復興させたことも忘れられない。

しかし、多くの雇用を産み出した筑豊炭田の歴史は短かった。最初の危機は1929年から世界を覆った世界恐慌。大不況により労働者の大量解雇が起きた。これは直後に発生した、いわゆる15年戦争による軍需景気で持ち直し、戦後も朝鮮戦争特需などがあり、石炭産業は、基本的には好景気が続いた。しかし、朝鮮戦争が終わった1953年には早くも石炭不況が起き、戦後すぐから始まった機械化などの「合理化」により雇用は激減、長い苦しみの時代に入る。また、このころからエネルギー源の中心が完全に石油にシフトしたことで、石炭の需要は激減。1970年頃には、ほとんどの炭坑が閉山してしまった。

鉄鋼業も、日本経済の中心が電機などの製造業にシフトする中で大きくその存在感を落とし、また、ここでも同様に「合理化」が進んだことで、生産効率は急速に上がり続けているが、これも1970年頃を境に労働人口は減少を続けている。これらの産業に大きく依存してきた北九州市一帯では、1970年代に比べ10万人近くの人口減となった。その傷跡は簡単には埋まらない。

写真は田川市にある石炭・歴史博物館。筑豊最大の炭鉱であった三井田川工業所伊田坑の跡に建てられた。当時はここから北九州へ石炭が運ばれていた

小倉と田川方面を行き来する日田彦山線は、筑豊から北九州に通う学生やビジネスマンが利用する

源平合戦から第二次世界大戦まで戦争との深い関わり

市民はあまり知らない戦争に関わる歴史

戦後しばらく経ってから生まれた現代っ子には想像もつかないかもしれないが、北九州は古くから戦争と多く関わってきた土地だ。

関門海峡が舞台となった天下分け目の大合戦「壇ノ浦の戦い」や、江戸時代の終わりに行われた「長州藩との戦い」などが有名だが、もっと新しい時代の話だと、明治時代以降の小倉の街が「軍都」と呼ばれていたこともよく知られており、西南戦争、日清戦争、日露戦争……などなど、主な戦争はどれも身近なものだったと言っても過言ではない。

壇ノ浦の戦いについては、北九州よりも下関の方がかかわりが深く市民の認識度も高いが、安徳天皇を連れた平家一門が太宰府から現在の門司区に逃れ、そこで仮の御所をつくったという縁もあり、市内には平家関連の史跡が多く残されている。門司の和布刈公園にある国内最大級の有田焼による壁画「源平壇之浦合戦絵巻」も迫力があり、観光の見どころのひとつに挙げられているようだ。

壇ノ浦の戦いよりも知っている人は少ないと思うが、同じく日本の歴史の中でも重要な意味合いを持っているのが「小倉藩を中心とした長州藩との戦い」だろう。尊皇倒幕を掲げる長州藩に対し、幕府は征長軍を興したが、その中心的な役割を担ったのが小倉藩。そのためこの地で、高杉晋作が指揮する長州藩との戦争が行われたのだ。戦いに参加した小倉藩と肥後藩の兵は2万人だったが、それに対し長州藩はたったの千人。普通なら幕府側の圧勝と誰もが思うところだが、鎧かぶとに火縄銃、槍、弓矢を身につけた征長軍に対し、身軽なズボン姿の長州藩は火力が強く続けて撃つことができるゲーベル銃で武装。小倉藩は敗戦し、現在の門司区・小倉北区・小倉南区は長州藩預かりとなって毛利氏の支配下に置かれることになった。ちなみにこの戦いの中で小倉城は焼けてしまったという（自焼）。新時代の兵と昔ながらの戦国スタイルで戦った小倉の先人たちは、どのような気持ちだったのだろう……。それを考えると思わず切なくなってしまう。

軍都・小倉の歴史は今なお続く⁉

その後、明治時代から5市合併によって北九州市が誕生する頃まで、小倉の街は「軍都」と呼ばれる時代が続く。

明治維新の後、廃藩置県に備えて軍隊が設置されたが、1875（明治8）年には西南戦争や日清戦争に出兵した歩兵第十四連隊（連隊長心得として有名な乃木希典少佐が赴任）、1898（明治31）年には日露戦争に出兵した陸軍第12師団司令部も配置され、軍都の色は次第に濃くなっていった。この第12師団の軍医部長として森鴎外が小倉に赴任してきたのも有名な話であり、小倉北区の鍛冶町には鴎外が当時住んでいた家が残されている（復元）。市は文化財に指定し大切にしているが、鴎外が小倉にやって来たのは左遷のためだったというから、当人がこの家にどのような気持ちで住んでいたのかは微妙なところ。

さらに、大正時代には小倉兵器製造所が開設。そして、昭和に入ると福岡ドーム約8個分もの広さがあったという小倉陸軍造兵廠ができ、風船爆弾という爆弾がつくられていたという。そのため、1945（昭和20）年8月9日長崎に投下された原爆は、実はこの造兵廠に落とされる予定だったのだ。よく昔、母に「小倉に原爆が落ちていたらあなたも私もこの世にいなかった」と言われたものだが、当日の小倉が悪天候だったこと、前日の八幡大空襲の煙によって視界が悪く造兵廠が確認できなかったことから長崎に投下された。

そうして戦争は終結に向かったが、敗戦後は米軍第二十四団が進駐し、小倉の街はしばらくの間連合軍に接収され一般人が立ち入れない区域もあったという。

長い歴史の中で数々の戦争に翻弄されてきた北九州だが、現在もまた「警察対暴力団の戦争が起きている街」と世間から揶揄されている。この街に本当の平和が訪れるのはいつの日になるのだろう。

旧第12師団司令部の正門跡の近くには立派な大砲も。小倉城内ですぐに見つけることができる

小倉北区鍛冶町の「森鴎外旧居」。軍医部長として働きながらここで執筆活動も行っていた

義理人情に厚くさっぱり！“無法松”を地でいく人々

ダークなイメージは北九州人の気質が原因？

北九州にダークなイメージがつきまとうのは、悪質な事件の多さだけが理由ではない。気が荒く、口が悪く、ケンカっ早いという北九州人の気質もそんなイメージを生み出した原因のひとつだ。

もちろん誰も彼もがそうだというわけではない。北九州にだって、気が優しく争いを好まない人も大勢いる（多分……いや、きっといるはず！）。しかし、大人しそうに見えながら心の奥底に気性の荒さを隠し持っている人も多いので、油断しないよう注意が必要だろう（こういう人が逆に怖い！）。

また、荒々しいのは男だけで女はそんなことないだろう、と思うのも大きな間違い。「九州男児」というのは、北九州の男たちも含めた九州の勇ましい男たちのことだが、北九州に至っては女も九州男児並みに勇ましくて強い。夜の繁華街で酔っ払い親父に絡まれてもひるむことなく立ち向かう女子大生、乱暴な運転をするタクシー運転手に掴み掛かる勢いで文句を言うＯＬ、クラスの男子と取っ組み合いの喧嘩をする小学生の女の子など、北九州の女性は子どもからお年寄りまで誰もが実に頼もしい。男も女も強くなければこの街で生きていくことができなかった、ということなのだろうか。当の本人たちはそんなことを全く意識しておらず、「私は気も荒くないし口も悪くない、街はいつだってとっても平和」と本気で信じ込んでいるのが北九州人なのだ。

こんな風に書いてしまうと、北九州市は粗暴な人の集まりだと思われてしまいそうだが、気が荒くてケンカっ早いだけが北九州人の取り柄（？）ではない。義理と人情を重んじる人が多いのもこの街ならではの特徴だ。

その気質はまさに「無法松の一生」の主人公・富島松五郎（通称・無法松）そのもの。北九州では男も女も関係なく、そこら中が無法松だらけなのである。街が無法松だらけなら、ケンカも多くて当たり前。しかし、無法松だからこそ、

北九州人の主な気質

気が荒い	義理人情に厚い
気が強い	面倒見が良い
ケンカっ早い	対抗意識が強い
さっぱりとしている	親分肌
憎めない	好き嫌いがはっきりしている
意見をはっきりと言う	意外と保守的
地元志向が強い	口が悪い

※各種資料より作成

そこら中で人と人の心温まる物語が繰り広げられていたりもする。互いに席を譲り合ったり、失恋した客におごりの一杯を差し出したり。そんなやり取りが大好きなのも北九州人なのだ。どちらにしろ人と関わるのが好きなのだろう。

あっさりし過ぎた人が多い現代社会において、北九州の市民は実に貴重な人種だと思う。だとすれば、ひとつの文化としてこの気質を後世に伝えるのが市民の役割なのかもしれない。

「無法松の一生」の主人公・富島松五郎が住んでいた古船場。細い路地には昔ながらの風情が見え隠れしている

碑銘は著者・岩下俊作の筆。碑の下には昭和33年にベネチア映画祭でグランプリを受賞した「無法松の一生」のシナリオが埋められているとか

「九州一標準語に近い街」その自信の根拠ってナニ？

よか・たい・ばい　なんか使わんっちゃ!!

関東や関西の人は誤解していることが多いようだが、北九州市民は基本「よか・たい・ばい」などのいわゆる博多弁を使うことはない。福岡県、もしくは九州ということでひとくくりにされがちなのだが、東京のタレントが北九州のロケで市民相手に「お母さん、これうまかね〜！」などと下手くそな博多弁を披露していると、「あぁ、やらかしてるな」とついつい冷ややかな目で見てしまう。映画やドラマでの間違いが多いのも腹立たしい。北九州出身という設定の主人公が博多弁を使っていると、「ちゃんと方言指導つけろよ！」とイライラして仕方ない。博多弁は佐賀弁、長崎弁、熊本弁とは似ている部分もあるが、北九州弁とは全く異なる言葉なのだ。一般的に九州内で北九州弁の仲間と言われているのは、大分や宮崎の言葉だろう。

というように、同じ九州の中でも方言は大きくいくつかの種類に分けられるのだが、博多弁が属する肥後方言と呼ばれる分類には全国的にも目立つエリア（都市の規模が大きい・観光地として有名などの意味）が多いこと、また、言葉としてのインパクトが強いことから九州を代表する方言となり、肥後方言＝九州弁という扱いになっているのだと思われる。

そのせいか、例えば北九州市民が東京で方言を使っていても九州人だとばれることはほとんどない。よく言われるのは、「広島かと思った」、「山口っぽいよね」、「関西じゃないの？」など。神戸弁によく似ているという指摘もあった。確かに、使う単語や語尾の変化が関西弁に似ているものが多く、ほんの少し会話を交わした程度であれば間違えられることもあるかもしれない。だが、アクセントは東京に近いと言われており、九州の中では一番標準語っぽいのではないだろうか（特に敬語だとほぼ標準語）。そのため関東や関西のメディアに博多弁や熊本弁とひとくくりにされてしまうと市民は、「私たちはあんなに訛ってない」、「北九州弁はほぼ標準語。いっしょにしないでほしい」と憤慨するのである。

確かに北九州弁は九州一標準語に近いと断言しても良いかもしれない。だが、確固たる自信を持つにはユニークな特徴があまりにも多いのではないだろうか。「ほぼ標準語」などと力強く言い切っている人に出会うと、実際に標準語を使っている人たちにブチ切れられるのではないかとヒヤヒヤしてしまう。

ユニークな特徴としては、次のようなものが挙げられるだろう。「ラムちゃん語」などと言われ一時期有名になった「〜っちゃ」、市外の人から「やたら耳障り」とよく指摘される「〜っち」の語尾をはじめ、「はぶてる」や「(片付けるの意味の)なおす」、「(掃くの意味の)はわく」、「(届かないの意味の)たわん」といった市外ではあまり意味が通じない独自の言葉など。

こうして並べてみるとやはり標準語とは違うんだな……、と実感させられてしまう。あくまでも標準語に近いのはアクセントだけ、ということなのだろう。だが、それだけでも十分にすごい！　何しろ北九州には「方言のせいで何を言っているのか分からない」お年寄りがいないのだから。

主な北九州弁

北九州弁	使用例
～っちゃ	「も～、分かったっちゃ！」
～っち	「田中さん、今日来るっち？」
～やけ、～け	「今日飲み会やけ遅くなる」
はぶてる	「なんですぐはぶてるん」
くらす	「おまえ、くらすぞ！」
はわく	「玄関はわいとって」
かしわ	「お母さん、うどんにかしわ入れて」
なんしよん	「こんなとこでなんしよん？」
なおす	「このお皿なおしとって」
たわん	「こんな高いとこ、手がたわん」
なんち	「は？今、なんちゆった？」
やおない	「これ全部やるのはやおないわ」
ほたる	「脱いだ服、こんなところにほたるなよ」
なんかかる	「疲れたら壁になんかかっとき」
やろ	「どうせ誘っても来んのやろ？」
こまめる	「この千円、誰かこまめて」

※各種資料より作成

北九州市コラム 1

孝行息子・娘たちの学舎「北九州市立大学」

北九州で育った子どもの多くは、親から「将来は北九大（北九州市立大学の略称）に行きなさい」と言われた経験があるのではないだろうか。

公立大学なのでもちろん授業料は安く、市民なら入学金の割引特典もアリ。しかも、実家から通わせることができるとなれば、親としては「ぜひ北九大に」と願ってしまうのも無理はない。全国的に名が知れている……とまでは到底いかないが（失礼！）、「ウチの子、北九大に入ったの」と言えば、ご近所さんが「あら、いいじゃない」といっしょに喜んでくれるレベルではある。

親世代としては良いイメージを持っていることが多いようだが、北九大をゴリ押しされる子どもたちはどう思っているのだろう。

1995年に階段型のおしゃれな本館が北方キャンパスに完成してからは多少明るいイメージになったが、それ以前は中高生の間であまり良いイメージ

が語られることはなかった。小倉競馬場と陸上自衛隊小倉駐屯地に挟まれているという土地柄のせいか、「学生は競馬おたくばかり」、「地味な人が多い」、「男だらけでムサイ」という勝手なイメージがつきまとっていたのである。そのため、親から北九大を勧められても、「（自分の成績は棚に上げ）いやだよ、あんなとこ」と反発する子どもが続出。そう、北九大は勝手な噂を流された挙げ句、「あんなとこ」呼ばわりをされていた気の毒な大学なのだ。

では、実際はどうなのか。卒業生に話を聞いてみたところ、競馬おたくはそれほどいないようだが、地味な人が多いというのが本当らしい。ただし、おたくっぽいのは法学部、カジュアルな服装で素朴なのは文学部、大人っぽいのは外国語学部、そしてちょっぴりチャラいのが経済学部……など、学部によってカラーが違い、キャンパス内を歩いていると一目で見分けがつくという。同じ〝地味〟でも種類はいろいろ、というわけだ。

しかしながら、地味でも何でも親からのゴリ押しに応えた孝行息子・娘ばかりが通っているのだろうと思っていたら、学生は北九州市民ばかりというわけではない様子。公立大学の中でも学生数が多いというだけあって、九州各県はもちろん他のエリアからも集まっており、なぜか広島県民が異常に多い。なにもわざわざ広島から来なくても良いような気がするのだが、よく「広島に似ている」と言われる北九州は、広島県民にとって居心地が良いのかもしれない。

第3章
プライドが高く
市の中心を自負する小倉

再開発が進む新幹線口は一体いつまで〝裏口〟なのか

小倉城口とは別世界　人のいない新幹線口

博多口と筑紫口のどちら側も栄えている博多駅とは違い（そもそも街の規模も性格も違うが……）、小倉駅は小倉城口と新幹線口とで残念ながら随分と様子が異なる。たくさんの人で賑わう小倉城口に比べると、人通りの少ない新幹線口はまるで別世界だ。特に2007（平成19）年にラフォーレ原宿小倉が閉店してからは若者の往来がパッタリとなくなり、寂しさに拍車がかかってしまった。ラフォーレ原宿はかなりがんばった方だと思うが、それでも三方を海に囲まれたこのエリアで長く商売を続けるのは難しかったのだろう。閉鎖的な土地なので人の流れはつくらなければない。がんばって呼び込まない限り客は来てくれないのだ。小倉城口のような賑やかさを実現するためには、このエリア全体をよほど魅力的な場所にしなければならないだろう。

どんなにがんばっても裏口ムードはそのまま

２０１１（平成23）年３月12日の九州新幹線全線開通に合わせて名称が変更になる前は、現在の小倉城口は南口、新幹線口は北口と呼ばれていた。しかし、当時から新幹線口は「裏口」というイメージが強く、現在でもそう呼んでいる人が多いかもしれない。実際、ホームページなどで「小倉駅裏口から徒歩スグ！」と宣伝している店もあり、「自ら裏なんてアピールしてどうする！」と思わず呆れてしまった。

しかし、北九州市は新幹線口の脱・裏口化を目指し、もう随分前からさまざまな努力を続けているのだ。そのおかげで、リーガロイヤルホテル小倉やＡＩＭアジア太平洋インポートマートといった大きな施設が並び、まるで空港のような動く歩道が設置されているという実に都会的な風景が広がっており、オフィスやビジネスホテルも多い。そのためビジネスマンはよく見かけるのだが、いかにも通勤中もしくは仕事中という人が歩いていても華やかさには欠けるもの。再開発の努力も虚しくやはり寂しさが漂っている。

何が新幹線口を救う？　さらなる開発に期待

そんな新幹線口が、最近変わりつつあるという。その要因のひとつは、小倉記念病院の移転。そしてもうひとつが、あるあるCｉｔｙのオープンだ。「人は増えたけど、お年寄りとオタクばかり」なんて声も挙がっているが、誰もいないよりはいい。小倉記念病院は通いやすくなったと好評だし、あるあるCｉｔｙも「北九州市漫画ミュージアム」が好調だ。ギラヴァンツ北九州のホームスタジアム建設も進んでおり2017年3月の開場を目指しているというから、今後、新幹線口が〝裏〟でなくなる日もやって来るかもしれない。

駅構内は賑やかだが、新幹線口方面に行くと次第に閑散として薄暗い印象に

設置された当初は珍しくはしゃいだが動く歩道に飽きたのか利用者は少ない

太鼓の音色が騒音並みに!? 風情が減りつつある小倉祇園

小倉っ子を熱くする独特の打法と音色

小倉の夏は小倉祇園太鼓の太鼓の音色と共に始まるといっても過言ではない。ドドン、ドドン、ドドン、ドドン……心の奥まで響くリズミカルで心地良い音が聞こえてくると、「今年もこの季節が来たか！」と、小倉っ子の胸は熱くなってしまう。

毎年7月の第3土曜日をはさむ前後3日間に開催されている小倉祇園太鼓は、博多祇園山笠、戸畑祇園大山笠とともに福岡県の三大祇園祭と呼ばれている伝統ある祭り。小倉城を築城した細川忠興が１６１７（元和３）年に現在の八坂神社を建て、京都の祇園祭を取り入れたのが始まりといわれているから、その歴史は結構古い。

特徴は何といっても珍しい両面打ちの太鼓だろう。太鼓は皮の張り方で一面は甲高い音、他面は濁音を出し、甲高い方をカン、濁音の方をドロと呼ぶそうだが、それぞれ打ち方が異なり、特にカンの方は難しく高度な技術が必要だという。といっても、見る側にとってはどちらもかっこよく、ただただ感心し見とれてしまうばかり。普段はまるで目立たないクラスの男子も祭り当日だけは女の子たちの注目を集めてしまうほど、小倉祇園太鼓の打法はかっこいい。博多祇園山笠や戸畑祇園大山笠とは異なり男性だけでなく女性も参加できるのが小倉祇園太鼓の魅力のひとつだが、髪の毛をアップにしたサラシ姿の女性が颯爽と太鼓を叩く姿は、男性とはひと味違う格好良さがあり、見どころのひとつとなっている。

ただうるさいだけ……の残念な団体が急増中

昔から小倉の人々を楽しませてきた小倉祇園太鼓だが、この伝統ある祭りの様子が最近どうもおかしい。よく言えばより賑やかに、悪く言えば妙に騒々しくなっており、祭りの風情がなくなりつつあるのだ。数年ぶりに訪れ、「あれ？こんな祭りだったっけ？」と首をかしげてしまったのだが、そう感じているのは筆者だけではない様子。おせじにも上手とは言えない太鼓をノリで叩きまくる打ち手や、観覧者そっちのけで意味不明に盛り上がる団体を見て大勢の人が渋い顔をしていた。本人たちは〝太鼓を叩くかっこいい自分〟にすっかり酔っており、周囲の冷ややかな反応に気づくこともない。結果、仲間内で騒いでいるだけになっているのだから、太鼓の音や掛け声はただの騒音でしかなくなる。そんな参加団体の多さに少々うんざりしてしまった。しかし、それだけでなく決められた練習時間や場所といった基本的なマナーすら守らない団体もあるというからひどい。特に、地元では有名な企業の団体が、自らの企業名を背負って小倉祇園太鼓の名にドロを塗る様子を目の当たりにした際は、怒りを通り越し呆れてしまった。

伝統ある祭りの文化を守っていくため、小倉祇園太鼓には会員（祭りの参加者）に対する心得がある。次はその一部分だ。「小倉祇園は神事の一環として起源した祭礼であると認識する」、「福岡県指定無形民俗文化財『小倉祇園太鼓』の伝承者であることを自覚し、その品位を保つよう努める」。もちろん、ほとんどの町内や団体がこの心得どおりの活動をしていると思われるが、明らかにこの心得を無視していると思われる輩が増えているのは残念でならない。祭りを観光資源のひとつと捉えた場合、「派手で賑やかに見えるので良いのでは」という意見もあるが、小倉祇園太鼓は八坂神社の例大祭であり、れっきとした神事。盛大に楽しむのは大切だが、品位が保てない人々にはぜひとも退散願いたい。以前は他の土地から来た人に「夏になると太鼓の音がうるさくてたまらん」などと言われると、「あの太鼓の良さが分からんのか！」と食ってかかっていたのだが、最近は「そう言われても仕方ないかな……」と思ってしまうほど騒々しく聞こえることがある（本当にうるさい）。

「ヤッサヤレヤレヤレ」という子どもたちの可愛い声と小気味良いジャンガラの音、そして、腕自慢たちの気品ある太鼓をりんご飴でも食べながら浴衣姿で楽しむ。そんなのんびりとした風情のある古き良き小倉祇園太鼓は一体どこへ行ってしまったのか。

小倉駅前にある小倉祇園太鼓像は、小倉の街のシンボル的存在

祭りには出かけるものの、八坂神社には行ったことがない、という人も多いはず

競輪からパンチパーマまでユニークな発祥モノ多数

日本初が多数！　先進的だった北九州

日本で初めてつくられた近代的な製鐵所・八幡製鐵所をはじめ、日本初の本格的な吊り橋である若戸大橋、日本初の都市モノレールとなった北九州モノレールなど、北九州には意外と〝日本初〟のものが多い。さらに、JR下関駅と門司駅を結ぶ関門鉄道トンネルは、日本初どころか〝世界初〟の海底鉄道トンネルだというから驚く。地下鉄のない北九州で生まれ育ったため電車内の暗闇が怖かったのだが、世界初のトンネルを通っていたと思えばどことなく感慨深いものがある。

これだけ日本初や世界初のものがあるのだから、昔の北九州は日本中の人々に「オリジナリティのある先進的な都市」という印象を与えていたのかもしれない（今は残念ながら違うが……）。

また、「現在は別の都市に本社を置いているが、もともとは北九州が発祥」という有名企業も多いということを知っているだろうか。例えば、現在福岡市に本社のある西日本鉄道株式会社の前身は旧門司市、小倉市、戸畑市、八幡市で路面電車を運営していた鉄道事業者・九州電気軌道だし、日産自動車株式会社と日立金属株式会社は、日産コンツェルンの創始者である実業家の鮎川義介が1910（明治43）年に設立した戸畑鋳物株式会社がルーツ。他にも、東京に本社があり門司に支店があるという山九株式会社やポケットバンクの三洋信販株式会社、石油事業などを行う出光興産株式会社も北九州発祥の企業だ。

アイデアマンたちが生んだ北九州の自慢

だが、市民に広く知られているのは、こうした日本初・世界初のものや地元生まれの大企業などではなく、北九州が誇るユニークな発祥モノたちである。

まずは、小倉北区魚町銀天街のアーケード。「公道に屋根をかけるなんて前例もないしダメ！」という役所の反対にもめげず、商店主が資金を出し合ってつくったというアーケードは、１９５１（昭和26）年10月に完成したもの。他にも小倉では、１９７９（昭和54）年に丸和が日本初の24時間営業のスーパーマーケットを開始し、全国に先駆け雨の日でも夜中でもいつでも買い物しやすい便利な街となった。

また、おもしろい発祥モノとしては、パンチパーマがある。

本当は「チャンピオンプレス」というネーミングらしいのだが、いつの間にかパンチパーマと呼ばれるようになっていたらしい。パンチパーマ＝怖い人というイメージが定着し過ぎたせいか最近では見かけることがなくなったが、そんなヘアスタイルがこの北九州で生まれたということに皮肉のようなものを感じてしまう。

他にユニークなものといえば、バナナの叩き売りだろうか。独特の口上を述べながらバナナを売るバナナの叩き売りは、門司区の門司港周辺が発祥の地。今ではすっかり伝統芸能のひとつとして扱われるようになり、その伝統は「門

主な北九州発祥モノ

発祥モノ	場所
商店街のアーケード	魚町銀天街
24時間営業スーパーマーケット	丸和
焼うどん	鳥町食道街・だるま堂
パンチパーマ	ヘアサロン永沼
バナナの叩き売り	桟橋通り
競輪	小倉競輪場
焼きカレー	門司港
パラグライダー	平尾台
ハヤシライス（諸説あり）	門司港

※各種資料より作成

司港バナナの叩き売り連合会」によって守られている。門司港はバナナの産地ではないが、発祥の地であることにちなみバナナを使ったお菓子などの土産物が異常に多く、バナナの叩き売りやバナナ音頭などが繰り広げられるバナナフェア、その期間中に門司港バナちゃん大会なるイベントも開催されているようだ。ちなみに、バナちゃん大会では連合会に所属する各団体（そんなにたくさんあるのか!?）の叩き売りを見比べることができるらしい。

まだまだ北九州発祥モノはいくつかあるが、中でも北九州らしいのが競輪だ。1948（昭和23）年に第3回の国体が福岡県で開催されることになった際、自転車競技を引き受けたのがきっかけだったという。そのためにつくる競技場をそのまま競輪に利用しようというアイデアが上がり、地方財政寄与、戦災都市復興、自転車産業振興を目的にスタートしたのだ。1998（平成10）年には北九州メディアドームが誕生し、「競輪といえば小倉」というイメージもより強くなった。

競輪の発祥がなぜ北九州らしいのか。それは、北九州が全国で唯一、4つの公営競技のうち3つがある街だからである。競馬、競輪、競艇の3つが揃っている上に競輪にいたっては発祥地。すごいことだが、まだまだ公営競技＝ガラの悪いおじさんが好きなギャンブルというマイナスイメージが強い現在、この事実が北九州のイメージをさらにダークなものにしていることは否めない。競輪事業誘致に尽力した当時の小倉市長のためにも、早くこうしたイメージを払拭できると良いのだが……。

旦過市場の北側入口にある丸和小倉店は、2015年11月末、36年間続いた24時間営業に終止符を打った

門司港駅の近くにあるバナナの叩き売り発祥の地の碑。石碑まで建てられており、少々驚く

きれいなのに人影まばら残念な感のある小倉城周辺

再開発事業で北九州の顔に

戦後は進駐軍が占領し、一般人は立ち入ることができなかったという小倉城周辺。その後は小倉北区役所（旧小倉市役所庁舎）や小倉玉屋、ダイエー小倉店などが並んでいたが、さほど華やかな雰囲気ではなかったと記憶している。

しかし、１９９０（平成２）年に市のシンボルである紫川の安全性を高め、川とその周辺を整備する「紫川マイタウン・マイリバー整備事業」がスタートすると、小倉城周辺エリアは見る見るうちに劇的な変化を遂げ、一気に〝北九州の顔〟にまで上り詰めた。

「紫川マイタウン・マイリバー整備事業」で北九州市がまず取り組んだのは、

老朽化した橋の架け替え。古い橋が次々ときれいな橋に変わっていく様子に、再開発事業のことなど知りもしなかった子ども時代の筆者は、「一体この街に何が起こっているんだ」と驚いたものである。明治末まで紫川で行われていたという鵜飼いの漁り火をモチーフにし、橋の両サイドにガスの炎を配している火の橋「室町大橋」をはじめ、旧長崎街道の起点だったという歴史にちなんで歩行者専用の太鼓橋として整備された天然木の木の橋「常盤橋」、高い場所から眺めれば太陽のコロナ、橋のたもとから眺めれば大輪のひまわりに見える色鮮やかな模様が描かれた太陽の橋「中の橋」など、事業によって誕生した10の橋はどれもユニークなものばかり。そのため、「こんなに橋にばかりお金を使わなくてもいいんじゃないか」という意見や、「市長はかなりの橋マニアに違いない」という噂も囁かれた。確かに、20年ほどかかっているとはいえ、たった2キロメートル程度の区間の中に力作揃いの橋が10も誕生したのだから、そう言われてしまうのも無理はない。

いくつかの橋が完成した後、事業はどんどん派手になっていき、江戸時代にあった洲や干潟をイメージした洲浜ひろばや、今ではすっかり北九州の観光名所となった（無理矢理推しているだけのような気もするが）松本清張記念館、小倉城庭園もオープン。また、連動して行われた「紫川馬借地区市街地再開発事業」で都市型ホテルが完成、「室町一丁目地区市街地再開発事業」で斬新な外観をしたリバーウォーク北九州などが誕生し、地味だったエリアは華やかに生まれ変わった。

美しくなったけど人通りはイマイチ

市外から訪れた人が「この辺りはきれいだねぇ」と感心してくれるほど美しくなった小倉城周辺だが、観光客が集まる時期や祭りなどの大きなイベントがある時以外は、残念ながら非常に寂しいことになっている。小倉井筒屋周辺が買い物客で賑わっていても、わざわざ橋を渡って散歩する人はあまりおらず、人通りは極めて少ない。その原因のひとつは、リバーウォークに人が集まらないことだろう。開業が決まった際は、「北九州にもキャナルシティができる！」などと喜んだものだが、実際にオープンしてみるとキャナルシティの足もとに

江戸時代、九州各地へとのびる諸街道の起点でもあり終点でもあったという「常盤橋」。当時、橋の左岸北側には港があり、ここから下関に渡っていた

も及ばず、盛り上がっていた市民は意気消沈。それでもオープン当時は賑わっていたが、それも飲食店中心であり、次第に客足は遠のいてしまった。

しかし、そんなリバーウォークも最近は新たな店舗の進出が続き、徐々に盛り返している様子。もっとがんばってぜひ再開発エリアにたくさんの人を呼び込んでほしい！なんてったって、莫大な費用がかかっているんだから。

常盤橋の周辺は美しく整備されたエリア。映画館やさまざまなショップ、劇場などが入る「リバーウォーク北九州」は北九州のランドマークとなっている

憩いの空間となった紫川の川辺。天気の良い日はお弁当を食べるサラリーマンの姿も

小笠原氏の下屋敷跡地に誕生した「小倉城庭園」。江戸時代の大名屋敷を再現している

作家・松本清張の生涯と業績を紹介する文学館。目玉は、忠実に再現された書斎や応接間

市のシンボル公園。再開発で整備され、大きなイベントにも対応する大芝生広場ができている

そごう、伊勢丹でも無理……北九州に他の百貨店は不要!?

3軒ある、といってもぜ~んぶ井筒屋

現在、北九州市にある百貨店はたったの3軒。紫川の側にある井筒屋小倉店と小倉駅前にあるコレット、そして黒崎にある井筒屋黒崎店だ。と、ここであることに気づく。そう、「3軒ある」といっても、所詮は井筒屋が3店舗あるだけ。これでは百貨店同士が客を取り合って盛り上がることもなく、街はイマイチ賑わいに欠けたままだ。年々人口が減りとっくに百万人都市ではなくなっているとはいえ、北九州だって90万人以上の人々が暮らす立派な政令指定都市。ライバル（?）の福岡市には、岩田屋に福岡パルコ、福岡三越に博多大丸、さらには博多阪急など魅力ある百貨店がずらりと並んでいるというのに、いくら街の

規模が違うからといっても百貨店が一種類しかないというのはあんまりな気がする。どうして北九州には他の百貨店がないのか。市民は井筒屋以外の百貨店を必要としていないのだろうか。

多数の百貨店で賑わった黄金時代

もちろん昔から井筒屋しかなかったわけではない。北九州に初めての百貨店が登場した大正時代から現在に至るまでの間、そこには実に華やかで非常に複雑な百貨店史が存在していた。

大正初期に中津最大の店だった「兵庫屋」が小倉に進出してきたことがあったようだが、たったの数年で撤退。一般的に小倉最初の百貨店は１９２０（大正9）年に創業した「かねやす百貨店」とされている。「小倉井筒屋」が誕生したのは、それから15年以上も経ってから。同じ頃には「菊屋百貨店」もオープンしたため、１９５４（昭和29）年にかねやすが閉店するまでの小倉は、３軒の百貨店がしのぎを削る賑やかな街だったのである。

ちなみに菊屋百貨店というのは後の小倉玉屋のこと。第二次世界大戦後はアメリカ軍に店舗を取り上げられ、米軍専用の「PXストア」になっていたが、接収を解かれた後に「小倉玉屋」となった。玉屋は今から約10年前に長らく続いた歴史に幕を下ろしたが、「玉屋にしか行かない」というこだわり派も多く、その閉店は惜しまれた。

では、他の区はどうだったのだろう。現在は八幡に井筒屋黒崎店があるだけだが、かつては門司にも戸畑にも若松にも百貨店が存在していた（景気が良かったんですね？・）。中でも記憶に新しいのは、門司にあった「山城屋百貨店」だろう。もともとは「平井屋」という百貨店だったのだが、経営難で山城屋に買収されたという。しかし、その山城屋も2001（平成13）年に閉店。跡地は現在マンションになっている。

次に記憶に新しいのは1995（平成7）年に閉店した「若松井筒屋」だ。もともとは「丸柏百貨店」という百貨店で、石炭積出港として若松が栄えた時代に業績をぐんぐん伸ばしていたそうだが、街の衰退と共に業績も大幅にダウン。井筒屋が営業を引き継ぐが、前述したとおり閉店する。

このように門司にも若松にもつい最近まで百貨店があったわけだが、一番縁がないのが戸畑。五市合併後に岩田屋が店舗を出したこともあったようだが、長くは続かなかった。井筒屋黒崎店が今後どうなるかは分からないが、小倉以外で百貨店を継続させるのはかなり難しいようだ。

なぜ続かない？　井筒屋以外の百貨店

とは言っても、その小倉でさえ井筒屋以外の百貨店はことごとく玉砕。市民の期待を背負って開業した「小倉そごう」もその跡地にやって来た「小倉伊勢丹」も、あっという間に北九州から去ってしまった。そごうの場合は親会社の破たんという理由があったが、伊勢丹は井筒屋との競争で売り上げが伸び悩んだことが原因のひとつに挙げられているようだ。確かに、「他の百貨店が来たのはうれしいけど、やっぱり井筒屋がいい」という声をよく聞いた。北九州市民、特に小倉っ子は井筒屋が大好きなのだ。しかし、そんな井筒屋も苦労がないわけではない。「いよいよ危ないらしい」と長くウワサされていたが、２００９（平

北九州ではまさに敵なし！百貨店の相次ぐ撤退に「井筒屋までなくなってしまったらどうしよう…」と心配する市民の声もあったが、今日も元気に営業している

成21）年にはついに業績不振となり翌年、再建のための金融支援を受けている。「井筒屋までなくなってしまったらどうしよう……」と心配していたが、2012（平成24）年10月にはなんと売り上げ、利益とも上方修正したことを発表した。市民のためにもどうかこの調子でがんばってほしい。

かつて北九州市に存在した主な百貨店

百貨店名	備考
兵庫屋	大正初期に大分県中津から進出
かねやす百貨店	火事の影響で閉店
菊屋百貨店→小倉玉屋	小倉そごう進出で売上大幅ダウン
九軌デパート	井筒屋に吸収合併
平井屋→山城屋	門司区民に愛されていた百貨店
丸柏百貨店→若松井筒屋	跡地は現在ビジネスホテルに
九州百貨店→八幡丸物	京都にあった百貨店
戸畑岩田屋	20年弱で閉店
小倉そごう	再開発の中核として誘致
黒崎そごう	小倉そごうと共に閉店
小倉伊勢丹	たったの4年で撤退

※各種資料より作成

モノレールまでありつつも減り続ける公共交通の利用者

マイカーなしではとても暮らせない!?

　地下鉄はないものの、どの新幹線も停車する小倉駅とその駅に直結するモノレール、まるで道路を占領しているかのようにゾロゾロと走る大量の西鉄バス。北九州は公共交通が充実した街だ。ＪＲのないエリアにはモノレールが通っているし、どちらもないエリアには西鉄バスが走っている。

しかし近年、公共交通の利用者は減り続ける一方だという。理由はマイカー利用者の増加だ。

公共交通が充実しているとはいえ、もちろん全てのエリアを完全にカバーできているわけではない。山が多い地域なだけに、「家が山のふもとの住宅街で、駅やバス停まで徒歩20分以上かかる」という人も多く、基本的に北九州はまだ「車がないと暮らせない」街だ。市内にある郊外型のショッピングモールがどこも賑わっていることから、市民の多くがマイカーを所有していることが分かる。例えば都会っ子の福岡市民とは違って多くの北九州市民は、車がないと仕事に行けなかったり、子育てができなかったり、買い物ができなかったり、モテなかったり（これは個人的な問題か）するのである。どれも深刻な問題だ。

マイカー増加による公共交通への影響

１９６５（昭和40）年、一日に公共交通を使う人は市内全体で約98万人いたという。ところがそれから45年経った２０１０（平成22）年には、約39万人にまで減少。今とは違って１９６５年には路面電車が走っていたとはいえ、まだモノレールは存在していない。つまり、北九州の交通インフラが45年の間に衰退したということではないのだ。逆に、１９６５年には４万３０００台だった市民のマイカー保有台数が、２０１０年には50万４０００台と10倍以上になっている。この数字から見ても公共交通利用者減少の原因は、やはりマイカー利用者の増加のようだ。

高齢者や子どもにも配慮を

当たり前のことながら市はこの状況に大きな危機感を抱き、公共交通の利用を広く訴えるなどさまざまな対策を行っている。もちろん「マイカーを持たないでくれ」ということではない、「公共交通とマイカーをうまく使い分けてくれ（できるだけ公共交通を使ってくれ）」という呼び掛けだ。だが、この訴えに耳を傾けている市民は多くないだろう。だって、北九州は安い駐車場も多いし、道路が渋滞することもあまりない。他都市よりも乱暴な運転をするドライバーが多いと恐れられているが、市民は慣れているので特に何とも思わない。そして、大都市でもないくせになぜか遠方への移動に便利な都市高速道路もある。このような環境の中、マイカーがあるのにわざわざＪＲやモノレール、ましてやバスに乗る気には到底なれないのである。

しかし、考えてほしい。公共交通の利用者が減れば、減便や路線の廃止、運賃の値上げは避けて通れない。マイカーを使わない子どもや高齢者の生活はかなり不便になってしまうだろう。しかも、そうなったらそうなったで「JR本数少ないけね〜」、「バスっち高くない？」などと文句だけはしっかり言うはずだ。また、マイカーの利用増加は二酸化炭素の排出量を増やし、環境の面でも大きなマイナスになってしまう。

と、偉そうに述べてみたが、やっぱり北九州にいるとマイカー移動が便利。公共交通には、車の魅力を上回るための斬新な対策をお願いするしかないだろう。

転勤族に支配される守恒・徳力エリア

質の高い街の形成は転勤族のおかげ？

北九州モノレール沿線上の街、守恒・徳力周辺は、市内でもかなり人気の高い住宅エリアだ。中には「北九州で平和に暮らせるのは守恒・徳力周辺だけ」だなんて失礼な持論をぶち上げる人もいたりして、その評判は口コミで伝わり、北九州にやって来る転勤族の多くはこのエリアを支持しているという。根っからの北九州市民より「お金があって教育熱心」というのが転勤族の特徴なだけに、家賃は少々高いが質の良い環境の中で子育てができること、市内で最も評判の良い守恒小学校・中学校があることなどが人気の秘密。毎年多くの転校生がいるというから、転校生や転勤族の奥さま同士で仲良くなれるというのもポイントらしい。転勤族が多く教育熱心な親が多いので、子どもの学力が上がり学校の質も上がる。だから評判が良くなり、また転勤族が増える……。そんな好循環によって守恒・徳力エリアは現在のような街に仕上がっていったのである。

また、「イオン徳力店」と2012（平成24）年10月にオープンした「サンリブもりつね」があるのも魅力。買い物にも便利とくれば、多くの人がこの街に住みたいと思うのも当然。だが、関東や関西からやって来た転勤族にとっては普通の価格でも、家賃や土地の値段は地元民にとってはやや高な印象。転勤族が多くなるのも無理はない。

高台の金持ちとふもとの庶民

そんな守恒・徳力エリアにあって、安く住むことができる場所がある。市内でも有数の大型団地である「徳力団地」だ。約2400戸という規模で住んでいる人が多いため、モノレールには「徳力公団前駅」があり、団地から駅はあっという間。学校も近いため利便性はかなり高く、築40年以上経った今でも入居希望者が多いという。だが、家賃が安いためかさまざまなタイプの人が住んでおり、中には少々ガラの悪い人もいるらしい。そのため「徳力団地とその周辺は治安が悪い」というレッテルを貼られることが多く、転勤族に人気の平和な高台エリアとは少し様子が違っている。

「高いところに金持ち、低いところに庶民」という現象が起きている街は日本全国どころか世界中で見ることができるが、守恒・徳力エリアもそのひとつということだろう。守恒の高台には戸建て住宅が並ぶが、徳力団地付近の高台には威圧的な階段状マンションがそびえ建っており、両者が共に徳力のランドマークになっている。徳力団地住まいで高台に憧れ、貯蓄をして引っ越していく人もいるというが、階段状マンションの上の方は駅が近くても、車がないと不便そう。果たしてどちらの暮らしが良いのやら。

市内各地で人気のサンリブが守恒にもオープン。ますます便利で暮らしやすくなった

周囲からは治安が悪いと言われているが、住人のほとんどはいたって平和に暮らしているという

え、ここもまだ市内!?緑あふれる南区の奥地

広〜い敷地の中は人でなく自然だらけ

北九州には7つもの区があるが、小倉南区だけで面積は170・89平方キロメートルもあり、なんと市の35パーセントを占めている。その広さは最も狭い戸畑区の10倍以上だ。

確かに小倉南区はとてつもなく広い。モノレールの沿線は小倉南区だが、途中からモノレールとは全く異なる方向に向かうJR日豊本線の沿線も小倉南区だ。あまりにも広いので、区という小さな存在でありながら、苅田町、行橋市、みやこ町、香春町、福智町、直方市という合計6つもの市や町と隣接している。

かといって人口が一番多いわけではない。ん？　ということはどういうこと

か。その答えは簡単。人の住んでいない場所がたくさんある＝自然が広がっている＝ド田舎、というわけだ。

他都市でも面積の広い区によくある話なのだが、小倉南区は雄大な自然に恵まれた場所だ。小倉北区との境目付近の賑やかさや、ベッドタウンとして人気の場所ぐらいしか見ていない人にはピンと来ないかもしれないが、少し奥地に行くとまるで違う風景が広がっている。バス遠足で行った干潟も、林間学校で宿泊した少年自然の家も、家族で行った山の中のキャンプ場も全部小倉南区だったと知った時、「県外……せめて市外だと思っていたのに」と少なからずショックを受けた。普段目にしない風景を見て、子ども心に「かなり遠くまで来たはず！」とワクワクしていたのである。

全国的にも知られる超有名スポットも

ド田舎……いや、豊かな緑があふれる小倉南区には、他区とは一線を画すケタ違いの自然スポットが点在している。中でも最も有名なのは平尾台だろう。

日本有数のカルスト台地として教科書にも掲載され、天然記念物・国定公園・県立自然公園に指定されている平尾台は、絶好のハイキング&ピクニックスポット。遠くから眺めるとまるで羊の群れがいるように見える羊群原はもちろん、中に入って探検家気分が味わえる千仏鍾乳洞も、市民なら一度は行ったことがあるだろう。「平尾台自然の郷」では、自然系スポットならではの陶芸や木工、パンづくりなどの体験教室が開かれており、江戸前蕎麦打ち体験教室も行われている(なぜソバ?)。

全国的にもよく知られているのは、「合馬のたけのこ」で有名な合馬だ。日本中の食通たちをうならせる筍が小倉南区で採れるというのは何とも鼻が高い。シーズンになれば、北九州市民は「ちょっとドライブがてら採れたての筍でも食べるか」という贅沢が叶う。

他にも、紅葉の時期がおすすめの鱒淵ダムや市内で落差最大の滝である菅生の滝など見どころは盛りだくさん。ちょっと遠いが、小倉南区の小学校は遠足場所に困ることがなさそうだ。

遠すぎて薄い区内の仲間意識

そんな小倉南区を区民（特に北区寄りに住む人）はどう思っているのだろう。「自然が多くて最高！」と思っているのか、はたまた「こんな田舎イヤだ！」と思っているのか……。複数の区民に話を聞いたところ、「区内だということを知ってはいるのだが、実際に出かけると市外や県外に行ったつもりになっている」というのが大体の人の意見。遠すぎて自分の街と同じ区にあるということがピンと来ないようだ（地元の方、ちょっと失礼）。さすがだだっ広い小倉南区、といったところか。

県営の貯水池「鱒淵ダム」の周囲には、7つの滝が連なっている「七重の滝」もある

国の天然記念物に指定されている「千仏鍾乳洞」。中の気温は一年中16度、水温は14度だという

市民が気軽に体験できる雄大な自然スポットといえば平尾台。草花や珍しい生き物を見に訪れる人も多いのだとか。中には絶滅が心配されている貴重な生き物も

北九州市コラム

北九州の台所(だった?)「旦過市場」 2

時間帯によっては混雑していることもあるが、基本的に人影はまばら。「風情がある」と言えばそうかもしれないが、「古いだけ」と言ってしまえば残念ながらそれまで。人が少ないと余計に薄暗さが際立ち、どことなく〝寂れた感〟を醸し出しているのが最近の旦過市場だ。実際に訪れ歩いてみたところ、「こんな寂しい場所じゃなかったのになぁ」となんだか悲しくなってしまった。

資料によると、旦過市場が誕生したのは大正時代の初期。隣接する神獄川をのぼる船が荷をあげ商売を始めたのがきっかけで、自然と市場的な機能を持ち賑わうようになったんだとか。その後、戦時中は機能しなくなっていたものの、戦後数年経つとしっかりとした市場組織も出来上がり、最盛期へ。最盛期がいつからいつまでだったのか正確なところまでは分からないが、筆者が母に連れられよく訪れていた30年ほど前はまだ大変な賑わいだったと記憶している。

その当時、小倉の人々にとって毎日の買い物を旦賀市場でするのはごく当たり前のこと。市場内はいつでも大勢の客で賑わっていたが、特に正月前になると気合いを入れて買い物に来た人々でごった返し、前に進むのも難しいほど混雑していたように思う。また、大切な来客がある際は「旦過でうまい魚でも買ってもてなす」という風習もあり、小倉っ子の日常生活に欠かせない大切な場所だったのだ。しかし、郊外の大型スーパーで新鮮な魚や野菜、果物が安く手に入るようになった現在では、「毎日の買い物を旦過で」という文化もすっかり廃れてしまった。それでも１２０軒近くの店舗が軒を連ね、「いらっしゃい！」、「美味

しいよ〜！」と元気に商売を続けている姿にはついつい感心させられてしまう。小倉の商売人はきっと強くしぶといのだろう。

ちなみに、あまり訪れたことのない人は、魚、肉、野菜、果物ぐらいしかないと思っているかもしれないが、小倉名物・ぬかみそ炊きの店や蒲鉾、惣菜、うどん、寿司、豆腐、漬物、薬、お茶など本当にさまざまな店があり、暮らしに必要なものは大体揃ってしまう。意外と便利なのだが、それでもスーパーに勝つのは難しいのだろう。

昔から「北九州の台所」と呼ばれてきたが、最近はその代名詞の存続が危ぶまれている旦過市場。名実ともに「北九州の台所」だった時代に戻るのは難しいかもしれないが、何とか活路を見出してほしいものである。

第4章

関門海峡を見つめる 北九州の独立国・門司

観光の目玉「門司港駅」が市制50周年に不在の事実

深刻な老朽化で門司港駅が修理中⁉

駅舎としては初めての国指定重要文化財であり、北九州の観光の要。門司港駅は誰もが認める市のシンボル的な存在だ。市制50周年を迎えた2013（平成25）年、門司港駅にはぜひとも活躍してもらい、他都市からの観光客をどんどん引き寄せてもらいたい……と思っていたら、なんと前年の9月末から駅舎が大規模保存修理工事に入ったというではないか。「えぇっ！　どうしてそんな大切な年に修理なんか始めちゃったの⁉」と文句のひとつも言いたいところだが、2010（平成22）年にシロアリ被害や老朽化で倒壊の危険があることが分かったらしく、それ以来少しでも早く工事に入れるよう準備を進めていたという。結果このタイミングになってしまったのだろうから仕方ない。

新しい駅舎が見られるのは2018（平成30）年3月の予定なので、工事期間は5年半。もう少し早く門司港駅の深刻な状況が分かっていれば、門司港駅の修理完了を市制50周年の目玉にして関連イベントで盛り上がることができたかもしれないのに……。そんなことをついつい考えてしまう。

門司港駅（当時は門司駅）が建設されたのは、1914（大正3）年。約百年という時間が経過しているので、倒壊の危険があっても不思議ではない。「5年半もあの姿が見られないなんて！」と寂しがっている市民は多く、工事に入る前にはさまざまなイベントが開催され盛り上がっていた（とはいえ、何か無くなると急に感傷的になる、にわかファンも多いが）。確かに寂しいが、とにかく修理後を楽しみに待とうではないか。

門司港駅の不在に市民の不安続出

市民の中にはこの工事で門司港駅が全く新しいものに変わってしまうのでは

ないか、と心配している人も多いという。が、今回行われているのはあくまでも重要文化財の保存修理工事。「建物のデザインが大きく変わることはない」とのことなので、おそらく大丈夫なのだろう。ただ、百年という年月がつくり出した情緒は多少廃れてしまうのかもしれない。ＪＲ九州の発表によると「駅舎建物の柱、梁などの骨組みを残し解体し、傷んだ部材の修理、補強を施し再び組み立てていく」とのことだが、「傷んだ部材の修理、補強」がどの程度、どのような感じで行われるかがポイントだろう。

また、駅内の名所である関門連絡船跡や幸運の手水鉢、帰り水は工事中も通常通り見ることができる、といっても工事中であることに違いなく、人気の噴水広場も作業ヤードとして使用されるらしく立入禁止。観光客の激減が心配されている。

ただ、工事中の駅舎を、間近で見学できる見学用デッキなるものが設置されているとのこと。さすがは北九州、転んでもただでは起きないのである。

九州最古の駅として知られる門司港駅は、木造2階建のルネッサンス風建築。現在は保存修理工事が行われており、完成は平成30年3月とまだ先となる予定

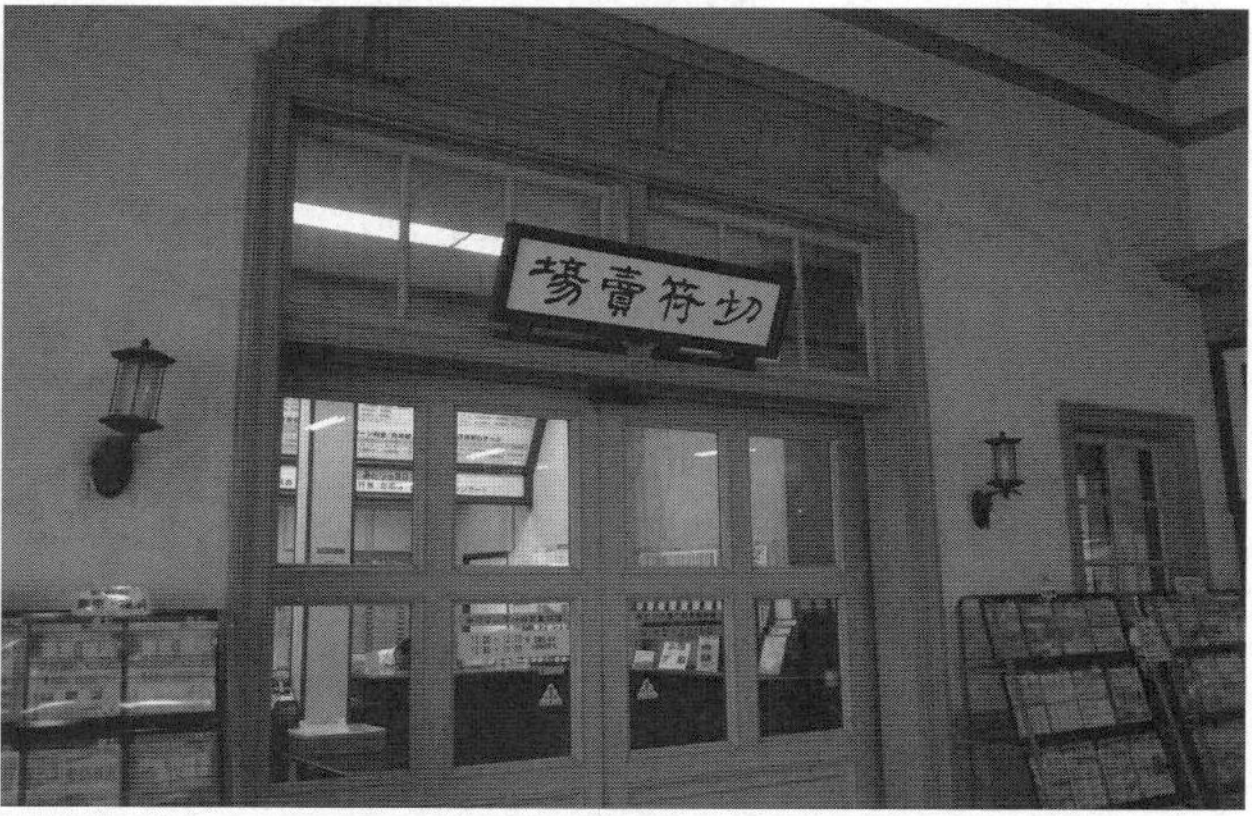

駅構内もレトロな雰囲気。「切符賣場」や「待合所」、「自動券賣機」といった表記も工夫されている

門司港駅の歴史

年	出来事
1891（明治 24）年	門司駅として営業開始
1914（大正 3）年	現在の駅舎での営業開始
1942（昭和 17）年	門司駅から門司港駅に名称変更
1958（昭和 33）年	関門国道トンネル開通
1964（昭和 39）年	関門連絡船航路営業廃止
1988（昭和 63）年	国の重要文化財に指定
1995（平成 7）年	門司港レトロがオープン
2003（平成 15）年	九州鉄道記念館がオープン
2009（平成 21）年	門司港レトロ観光列車「潮風号」営業開始
2012（平成 24）年	保存修理工事着手
2018（平成 30）年	保存修理工事完了（予定）

※ JR 九州の参考資料より作成

市一番の観光地なのに課題山積みの門司港レトロ

かつて栄華を誇ったロマンの地・門司

国の重要文化財である「門司港駅」を筆頭に、同じく国の重要文化財であり あのアインシュタインが泊まったことでも知られる「旧門司三井倶楽部」、そして、珍しいデザインで目をひく「旧大阪商船」や美しい煉瓦づくりの「旧門司税関」といったモダンな建築物たち。さらに、関門海峡の歴史が学べる「関門海峡ミュージアム」に、土産物屋やレストランが並ぶ「海峡プラザ」、鉄道ファンにはたまらない「九州鉄道記念館」など見どころが多い門司港は、誰もが認める北九州一の観光地だ。

現在、門司港レトロの主役として活躍している立派な建物たちを見れば想像できると思うが、かつての門司は日本の近代化を支え、その名を世界に轟かせた重要な港町だった。そのきっかけとなったのは、1889（明治22）年に石炭などを扱う国の特別輸出港に指定されたこと。以来、日清戦争や日露戦争、第一次世界大戦を経て栄えに栄え、なんと神戸、横浜と並ぶ日本三大港に。重要な国際貿易の拠点となったことで、商社や銀行がどんどん門司に支店を出すようになり、それが門司港レトロをつくる大切な資源になったというわけだ。ちなみに、その後の大陸貿易の縮小と石炭の減少によって門司は衰退。良い時代は昭和初期頃までしか続かなかった。

同じく港町として栄えてきた横浜や神戸が戦後も繁栄していったのに対し、人々から忘れ去られてしまった門司……。悲しい話だが、門司港レトロのオープンに尽力した当時の市長・末吉興一氏は、西日本シティ銀行が発行する「北九州に強くなろうシリーズ」の対談の中で、「それが幸いした」と語っている。街が廃れていったことで繁栄当時の面影が壊されることなく残り、「磨けば光る大正ロマンの宝が埃をかぶったままで再生の日を待っている」と。繁栄から衰退。門司がその道をたどったことが、現在の北九州に大きな観光資源を生み出したのだ。

観光客は多いけどちょっぴりビミョー

1988（昭和63）年から新たなまちづくりを開始し、1995（平成7）年にオープンした門司港レトロは、すぐに話題となり、順調に観光客数を伸ばしていった。しかも、市川海老蔵（当時は市川新之助）主演のNHK大河ドラマ「武蔵MUSASHI」が起爆剤となり、対岸にある下関市との相乗効果で有名観光スポットの仲間入りにも成功。ますますの発展が期待された。

現在でも日本全国だけでなく、海外からも多くの観光客を集めている門司港レトロだが、観光地として多くの課題を抱えていることを指摘する人は多い。簡単に言えば、「門司港ってなんだか最近ビミョー」というわけだ。

もちろん、門司港レトロがオープン当初から全く成長していないわけではない。少なかった土産物屋や飲食店を増やし、ホテルを建て、新しい見どころを増やすなど、しっかりと（かなり）お金をかけてめまぐるしい進化を遂げてきた。だが、実際に門司港レトロを散策すると、嫌でも多数の問題点が見えてくる。

イベントガイドにグルメマップなど発行物は山ほどあるのに、肝心の案内所は無人。それだけならまだしも、置かれたパンフレットにはうっすら埃が積もっていた。「まぁ、平日だしな」と自分を無理矢理納得させ、海峡プラザへと向かってみたが、そこにはレトロの街の風情とは裏腹に、安っぽい看板や料金設定があまり財布に優しくないレストラン、なぜここでこんなもの売っているのかよく分からない雑貨屋が並び、「ザ・日本の観光地」とも言うべき景色が広がっていた。さらに、ほとんどの観光客が外から眺めるだけのようで、メインのレトロ建築物は賑わいゼロ。これではリピーターは望めないだろう。

新たな施設をつくったりイベントの開催に力を入れたり、観光客獲得のためにさまざまな努力をしてきたようだが、もっとしっかり目を向けなければならない部分があるのではないだろうか。門司港レトロは北九州の大切な宝。オープン当初の情熱を思い出し、ぜひもっと細かい部分まで丁寧に磨き続けてほしい。そう、かつてと同じ繁栄から衰退という道をたどらないためにも……。

1912（明治45）年に建設された「旧門司税関」。休憩室やカフェ、展望室などがある

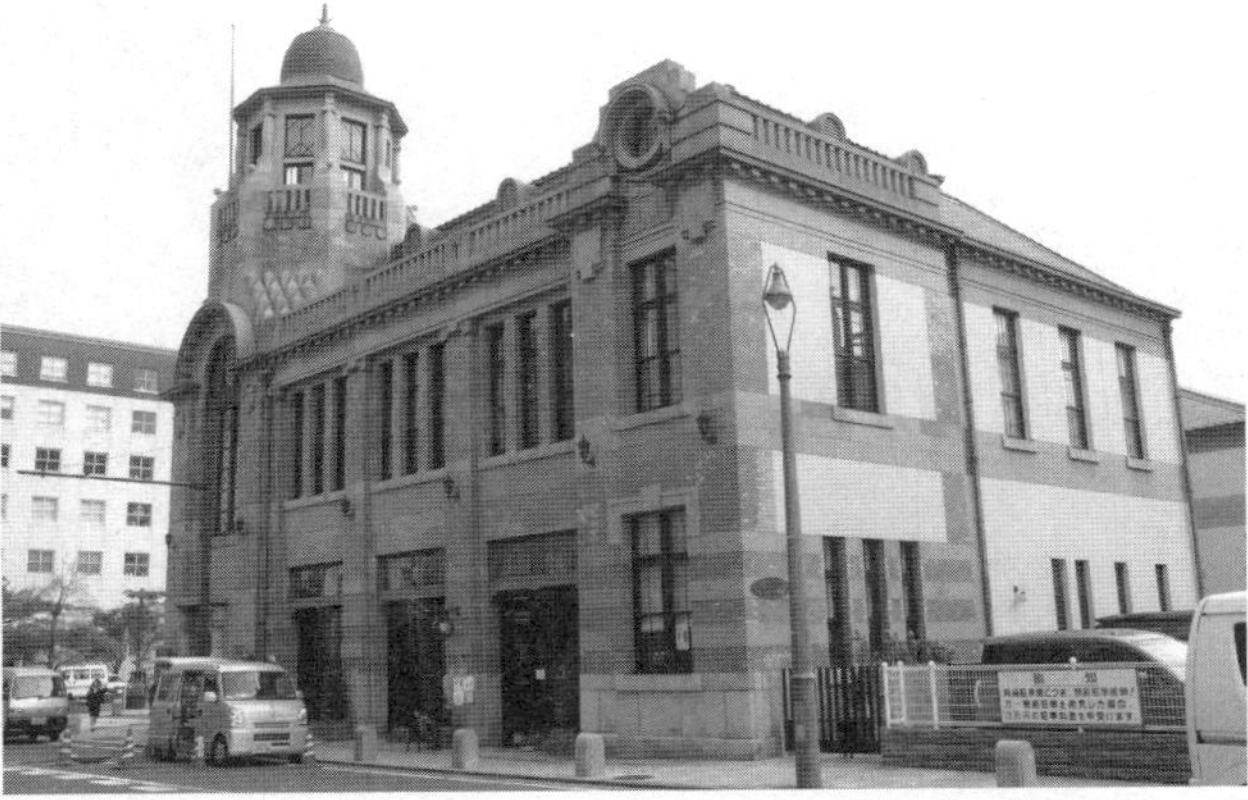

北九州出身のイラストレーター・わたせせいぞう氏のギャラリーがある「旧大阪商船」

アインシュタインが宿泊した部屋は、見どころのひとつとして今もそのまま残されている

複合商業施設「海峡プラザ」では、門司港ならではのお菓子や地元の海産物などが買える

昔の面影はどこに衰退する商店街の今

門司港レトロの裏で活気をなくした商店街

国の重要文化財に指定された駅舎を持ち、１９９５（平成７）年には門司港レトロがグランドオープン。門司港は、北九州の観光の顔とし、市民はもちろん市外にも広く知られた華やかな街だ。

門司港レトログランドオープンの年には、関門海峡を望む観光地として昔から知られる和布刈地区とレトロ地区を合わせて年間約２１０万人もの人が訪れ、さらにその数字はグングンと上昇。ピークの２００３（平成15）年には、なんと約３９０万人を記録した。その後は下降傾向にあり観光地としての課題は多いものの、この不景気の中で相変わらずそこそこの人出で賑わっている。

門司港周辺MAP

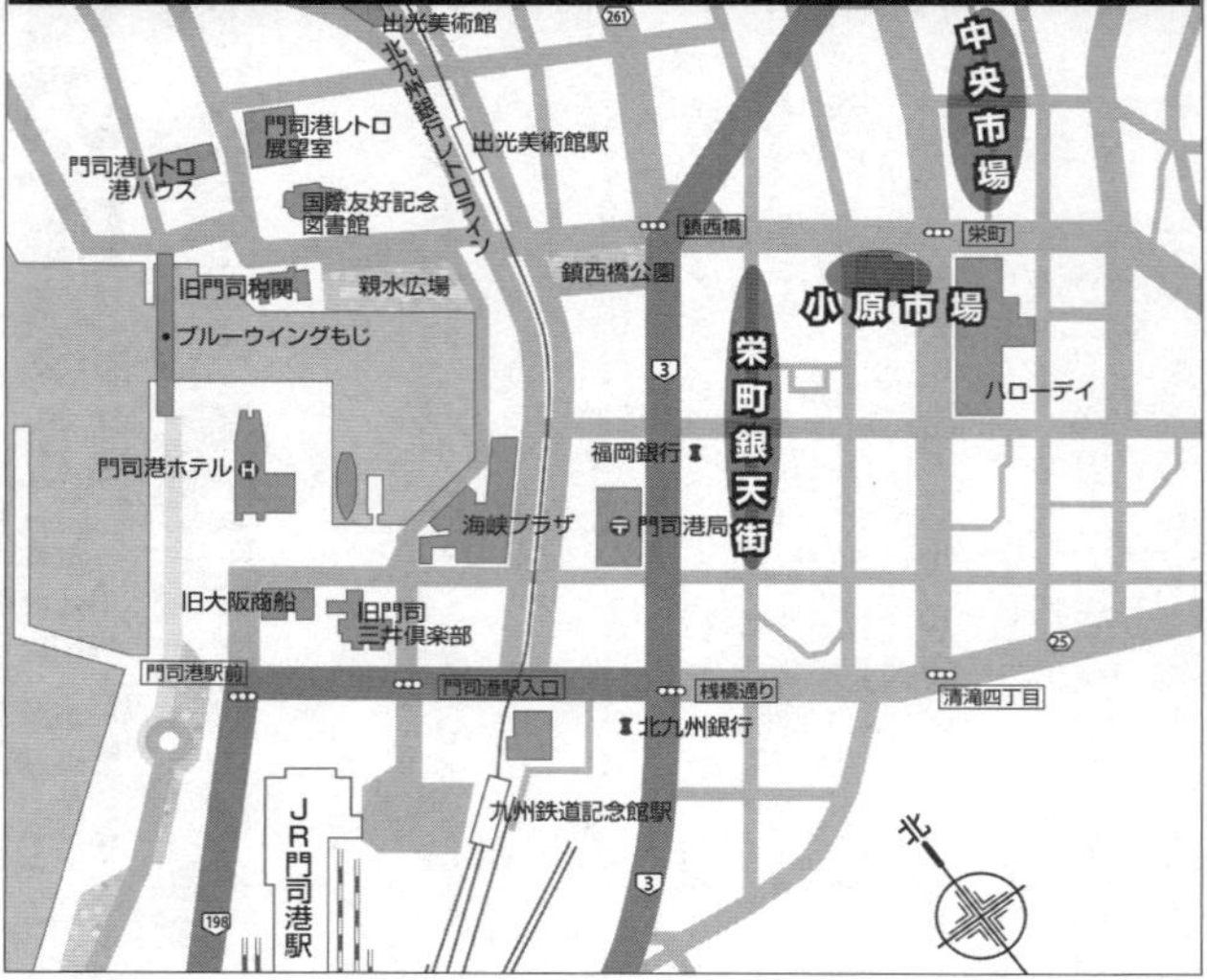

しかし、その賑わいのすぐ側で深刻な事態が起こっていることを知っているだろうか。

普通、観光地として全国的に有名になり多くの人が訪れる街というのは、その全体が活気に溢れている。観光客というのは暇なのだろう、通常であれば誰も見向きもしないような店でさえ、人気の観光地にあるだけで人が溢れていたりするものだ。だが、門司港は少し様子が違う。レトロ地区の華やかさとは裏腹に、国道3号線を渡ってすぐの裏舞台には、人通りの少ない寂れた商店街が鎮座しているのである。ところどころシャッターが降りた通りには、開店休業中の専門店が多数。一歩入れば、崩れ落ちそうに古めかしいもうひとつの門司港レトロ（ある意味こっちが本物⁉）が広がり、そこには地元のおばあちゃんがポツンと一人だけ歩いていた……。

たった数分で行き来できる距離にありながら、門司港レトロの中心エリアとのこの差は一体何なのだ。レトロに莫大な資金を使ってきた市はこの状況を改善しようと努力したのだろうか。商店街はレトロ人気に便乗して何か対策を打ち出しては来なかったのだろうか。「なぜこんな状況になっているのだろう」と考えれば考えるほど疑問が湧き出てしまう。

商店街の復活に観光客の力を！

戦前戦後、この辺り一帯は本当に賑やかな場所だったという。1931（昭和6）年に港の修築工事が完成した後、国際港として広く知られるようになった門司港の街は、港町としてより栄えていった。その後、1958（昭和33）

年には「関門国道トンネル」が開通し、それを記念して開催された「世界貿易産業大博覧会（門司トンネル博）」には、昭和天皇と皇后陛下もおいでになったとか。その際に設置されたのが、栄町銀天街のアーケードだ。当時は門司港の中心商業地として街を大いに盛り上げていたが、現在はその面影はない。

門司港が有名な観光地でありながらなぜ商店街が寂れているのか。交通量の多い国道3号線を渡ってまで観光客が行くほどの魅力がない、というのが一番の理由なのだろう。だが、もうひとつ気になる要素がある。それは、北九州の観光の目玉でありながら、門司港には宿泊客が少ないという点だ。先ほどピーク時には年間約390万人が訪れていたこともある、と紹介したが、そのほとんどが実は日帰り客。宿泊した観光客は1割程度であり、その割合はオープン当初からほぼ変わっていない。宿泊施設が少ないというのもあるが、門司港とその周辺には泊まりがけで楽しむほどの魅力がないということなのだろう。

長時間滞在する人がいなければ、もちろん街中をのんびり散策する人もいないし、夕食を食べたりお酒を飲みに出掛ける人もいない。宿泊客の少なさが門司港レトロと商店街を上手く連携させることができないひとつの要素になっているのだろう。

「商店街は地元のもの。観光客に頼るものではない」という意見もあるかもしれない。だが、それは大型スーパーや商業施設がなかったひと昔前の話だ。鳥取県境港市にある水木しげるロード周辺の商店街やキャナルシティ博多の経由ルートとして賑わいを取り戻した福岡市の川端商店街のように、観光客を上手く取り込むことが商店街の活性化につながることに間違いない。門司港も動線を工夫するなどの取り組みで、人の流れを広げることはできないだろうか。門司港は実に課題の多い街になってしまったものだ。

門司港のメイン商店街である「栄町銀天街」。立派なアーケードがあるが、少し薄暗いのが難点

ヤミ市から発祥したという「小原市場」。人気のひもの屋「じじや」をはじめ、老舗の店が揃う

「結婚するなら下関がイイ！」いまだ他区に背を向ける門司区民

旧五市の発展に反対してきた門司区

市制50周年が過ぎても未だ7つの区がまとまる気配のない北九州。それぞれの個性が強いため仕方がないと思われるが、中でも異質な個性を放つ門司は、北九州になかなか馴染めずにいるような気がしてならない。いや、馴染もうとすらしていないように感じる。

昭和に入ってから旧五市の間では、度々合併に関する話し合いが行われてきた。しかし、実際に合併が実現したのは1963（昭和38）年。長い間議論がまとまらなかったのは、一貫して門司が反対の姿勢を貫いていたからだろう。理由は、合併しても中心街から外れることは明らかで、街は衰退するだけだと想像できたこと。そして、門司は長年下関との合併を夢見ていたということ。そのため途中から合併の議論の中で「下関を含めた6市合併なら良い」という姿勢を見せていたようだ。

最終的には門司も賛成し、「関門6市にこだわらない」という当時の市長の発言もあって合併が実現へと進んだが、発言のニュアンスから、最後まで門司は納得していなかったのではないか、下関との合併という将来を捨て切れていなかったのではないか、と考えずにはいられない。合併後の門司は懸念された通り市の中心街からは外れ、門司港レトロのオープンまで目立った活躍もなく、住民たちは市の端っこでひっそりと暮らしてきた。……というと門司区民に失礼だが、多かれ少なかれ他区民にはそういう印象を持たれていることだろう。

まるで隣町のよう身近過ぎる下関

門司区民が市内に馴染みが薄いのも無理はない。隣接する小倉以外、他区と地理的に随分離れているからだ。山城屋がなくなった今、買い物をしに小倉北区まで出掛けることはあるだろうが、戸畑・八幡・若松にはほとんど行ったことがないという人も多いはずだ。門司区民は他区の人々に比べ、気質も言葉の雰囲気も若干異なるという印象があるが、その原因は北九州市民よりも下関市民との交流が深いからだろう。「どこ行くほ〜？」とは言わないものの、下関の影響を受けている人は多い。関門海峡を挟んで北九州と下関を結ぶルートは５つあるが、「関門海峡フェリー」以外の６つは門司と下関をつないでおり、下関はかなり身近な存在なのだ。

ＪＲが走る「関門鉄道トンネル」や車で通行できる「関門国道トンネル」、「関門橋」を使えば、もちろんあっという間に下関まで行ける。しかし、門司港桟橋から出る「関門連絡船」は、下関の唐戸桟橋までたったの５分。若松と戸畑を結ぶ若戸渡船とあまり変わらない時間で関門海峡を渡れるのである。そのうえ、15分程度で歩いて渡れる「関門トンネル人道」もあり、通勤や通学に利用している人も結構いるのだとか。ふたつの街の間には、北九州と下関、福岡と山口、九州と本州という枠などないも同然。自治体同士がさまざまな連携事業を行っているが、そんなこととは関係なく、住民たちはごく自然に互いを行き

門司港から下関市まで、歩いて海峡を渡ることができる関門トンネル人道。北九州市民なら、幼稚園や小学校の遠足で渡ったという人も多い

来しているようだ。

つまり、門司の人々が見つめるのは、今も昔も関門海峡。市内他区には完全に背を向けた状況が続いているのだ。やはり何とか下関と結婚させてあげた方が、門司にとっては幸せだったのではないだろうか。

門司区の歴史

年	出来事
1889（明治22）年	門司港が特別輸出港に指定される
1899（明治32）年	門司市制施行
1901（明治34）年	関門連絡船の運航はじまる
1914（大正3）年	門司駅（現在の門司港駅）駅舎新築落成
1934（昭和9）年	門司みなと祭がはじまる
1942（昭和17）年	関門鐵道トンネル開通
1958（昭和33）年	関門国道トンネル（車道部・人道部）開通
1963（昭和38）年	北九州市発足
1973（昭和48）年	関門橋開通・北九州道路全面開通
1988（昭和63）年	第1回海峡花火大会開催 門司港駅の駅舎、国の重要文化財に指定
1995（平成7）年	門司港レトログランドオープン
2000（平成12）年	サッポロビール九州工場移転 門司ウォーターフロント再開発スタート
2001（平成13）年	山城屋百貨店閉店

※北九州市門司区ホームページ、他より作成

門司駅北口がおしゃれに変身！
門司ウォーターフロント再開発

もう地味じゃない！　門司の快進撃開始か!?

南口と北口とでこんなに雰囲気の違う駅が他にあるだろうか。同じ門司区内の駅である門司港駅の影に隠れ長い間目立つことのなかった門司駅周辺が、今おもしろいことになっている。

昔から変わらない雰囲気の南口から2004（平成16）年に新しくなった駅舎に入り、北口に続く連絡通路を進んでいくと、その先にはびっくりするような風景が待っている。新築の高層マンションにジョギングしたくなるような美しい公園、新しい商業施設。そこにはこれまで北九州市民が「地味・古くさい・田舎」だと馬鹿に……いや、心配していた門司の新しい姿が広がっているのである。

美しくなればなるほど気になる南口との格差

かつての門司駅北口といえば、サッポロビールの九州工場があることで知られていた。周囲にはビールの何ともいえない匂いが漂っていたため、門司駅のホームで乗り換えの列車を待たされる時には多くの女性たちがハンカチで口を押さえていたものである。そのサッポロビールが２０００（平成12）年、老朽化を理由に工場を大分県の日田市に移転。87年間もこの地でビールをつくり続け、この地域の産業の発展に貢献してきた大企業の引っ越し……。門司はますます寂しくなってしまったが、その歴史ある建物群はＮＰＯ法人門司赤煉瓦倶楽部に無償譲渡され、現在「門司赤煉瓦プレイス」として保存活用されている。

22・１ヘクタールの広大な工場跡地、歴史的な価値があり情緒もある赤煉瓦の建物群、船が行き交う関門海峡の美しい風景、小倉と門司港の中間という地理的特性。「これらを活かさない手はない」ということで、市はイラストレーターのわたせせいぞう氏をイメージプロデューサーに迎え、2000(平成12)年に「門司ウォーターフロント再開発」に取り掛かった。

再開発の対象となったエリアは、門司駅全体と北口側の一帯(当ページ左上の再開発MAP参照)。新しい住宅やマンション、商業施設が誕生し、おしゃれな暮らしを夢見る人にぴったりのエリアになっている。

だが、少し歩いて駅の向こう側に行けば、そこはまるで昭和にタイムスリップしたかのような街並み。どんなにきれいになったとしても、「門司駅の表は南口だろう」というのが多くの人の印象であるため、現在の状況はまるで後ろ姿だけを磨いて顔のお手入れを忘れてしまった人状態。もう少し〝顔〟の手入れにも力を入れて、北口と南口に生まれた格差を縮めることはできないものだろうか。

再開発の一環で駅舎が新しくなった門司駅。開通当初は「大里駅」だった

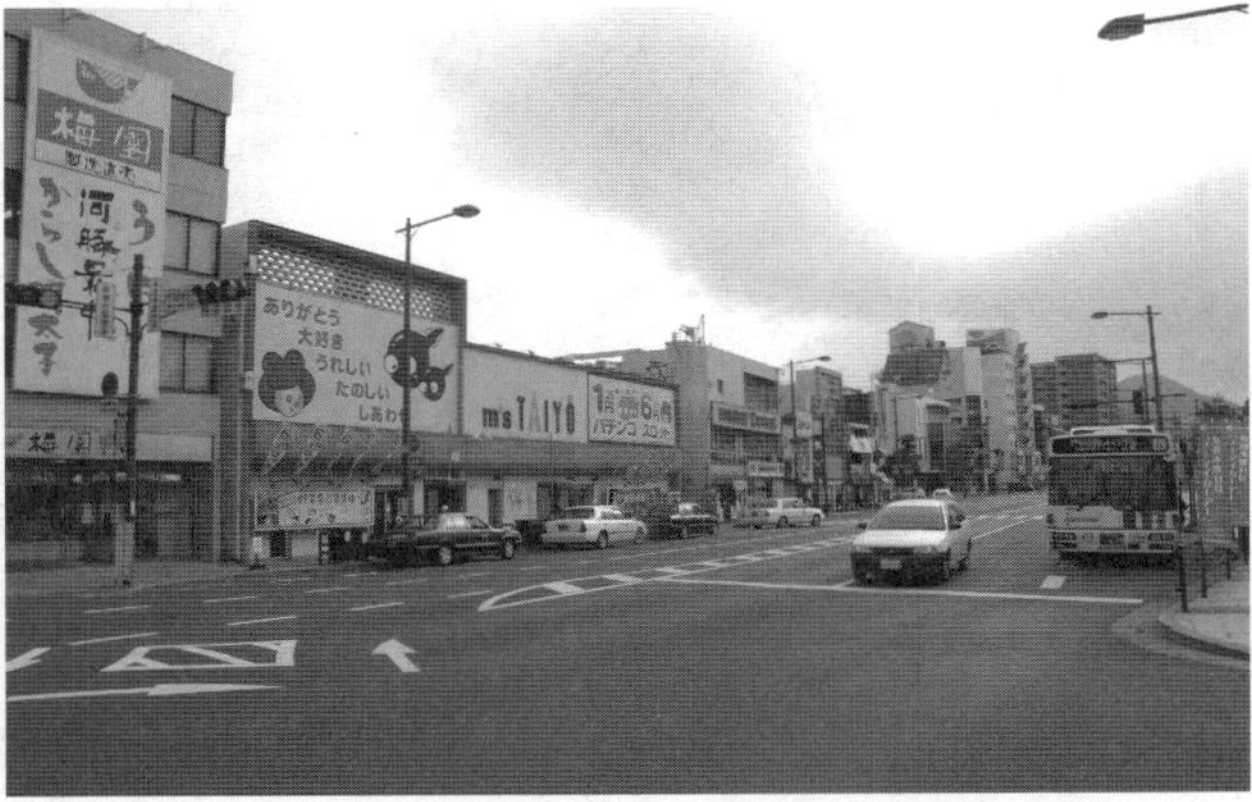

反対側に比べ、昔ながらの雰囲気がそのまま残る門司駅の南口側。しかし、これこそが門司らしくて良い、という意見も

歴史のロマンを感じる平家ゆかりの地めぐり

私は平家の子孫！　そう信じる市民も

栄華を誇った平家が遂に滅亡することになった治承・寿永の乱。１１８５年にその最後の合戦「壇ノ浦の戦い」が現在の下関市壇ノ浦で行われたことから、下関や門司には平家にまつわるスポットや数々の伝説が存在する。戦いの後、このエリアにひっそりと残った落人が多数いたのかどうかは分からないが、下関市民や北九州市民の中には「うちの先祖は平家」などと言い出す人が意外と多く、かと思えば「うちの先祖は源氏」などと言い出す人も現れたりして、両者が出会うとくだらない口論が始まる。聞けばそういう人は子どもの頃から祖父母からそう言われて育ってきたらしい。その中のほとんどの人は、ご先祖が本当に壇ノ浦の戦いに参加した人物だったとしても、おそらくはただの一兵卒だと思うのだが……。

下関市には、壇ノ浦の戦いで祖母・二位の尼に抱かれて入水した安徳天皇を祀る「赤間神宮」があり、有名な観光スポットになっている。北九州市民なら訪れたことがある人は多いだろう。また、毎年ゴールデンウィークに開催される下関三大祭りのひとつ「しものせき海峡まつり」では、源平武者行列や源平船合戦、「源平まつり」も開催されており、下関市民にとって壇ノ浦の戦いや平家の歴史はとても身近なものだと分かる（ちなみに源平船合戦は、80隻あまりのいくさ船が関門海峡に出て合戦の様子を再現するイベント。もちろん船は現代のものなので風情はあまりないが、なかなかの迫力で楽しめる）。

それに対し、多くの北九州市民にとって壇ノ浦の戦いや平家の歴史はそこまで身近なものではないだろう。しかし、先にも記したように門司だって関連スポットが存在する平家の故郷のひとつ。たとえ下関ほど盛り上がっていなくても、市民はあまり興味を持っていなくても、全国の歴史ファンは訪れているようだ。

平家一門が門司にやって来たのは壇ノ浦の戦いの少し前。都を追われ太宰府に下ったものの、そこからも逃げることになってしまい豊前国柳ヶ浦（現在の門司区大里）にたどり着いたという。そのため、大里にある戸上神社のお旅所「御所神社」に仮御所があったと考えられており、「柳の御所」と呼ばれている。柳ヶ浦が大里のことかどうかには諸説あるようだが、大里は江戸時代までは「内裏」と表記されていたらしく、信憑性は高い（と信じたい）。柳の御所には平忠度の歌碑もある。

他にも、安徳天皇、二位の尼、平宗盛のご神像を平家の子孫が祀っているという「伊川貴船神社」や、平知盛の墓があるという「甲宗八幡宮」など、ゆかりの地は多数あり、門司港ホテルに泊まって平家ゆかりの地をめぐるというツアーも開催されていたらしい。しかし、こうした歴史探訪にありがちなことだが、見どころのほとんどが神社でツアーの内容はかなり地味。北九州における平家ゆかりの地めぐりを盛り上げたいと考えてみたのだが、やはり少々無理があるだろうか……。

安徳天皇を祀っている山口県下関の赤間神宮は、朱塗りの水天門がとても印象的。境内には平家一門の墓や「耳なし芳一」で知られる芳一堂がある

安徳天皇が柳の御所にいたのは、７日間という説や１カ月という説などがあり定かではない

北九州市コラム 3

門司港レトロ観光列車「潮風号」

レトロの街・門司港を走るブルーの車体。その姿を初めて目にした時、「なんだあれは？」と思わず二度見してしまった。小型のディーゼル機関車がトロッコ客室2両を挟んで走る門司港レトロ観光列車「潮風号」のことである。観光地にトロッコ列車というのは風情があり良いものだと思うが、かつて石灰石やセメントなどを運んでいた臨港線の廃線跡を再利用しているため、走っているのは門司港レトロのど真ん中ではなく、少し外れた地味な場所。どうしても周囲の風景に映え過ぎており（つまり浮いている）、違和感を覚えてしまったのだ。

しかし、この潮風号。鉄道ファンには大変評判が良いらしい。その理由のひとつは、トロッコ列車の先輩である島原鉄道や南阿蘇鉄道の車両を再利用していること。また、廃線跡を活用しているため、「普通では走ることのでき

ない場所を走ることができる」と喜ばれているという。ちなみに、車両と線路を再利用して観光に役立てていることが評価され、2009（平成21）年には第8回日本鉄道賞の特別表彰を受賞している。そして、もうひとつの理由が、ボランティア駅員を募集していること。乗客の誘導や列車の安全確認など、本物の駅員の仕事が体験できるとなれば、鉄道ファンが喜ばないわけがない。募集内容には、「業務中は平成筑豊鉄道（株）から貸与された制服・制帽を着用します（自前で鉄道制服をお持ちの方は、それを着用されてもOK！）」と、マニアを興奮させる記載があった。

潮風号が走っているのは、九州鉄道記念

館から和布刈公園までという約2キロメートルの区間。短い距離だが歩くには少し遠く、レトロ地区を観光で訪れた人々に和布刈公園で関門海峡の絶景を楽しんでもらうには便利な交通手段だ。片道300円（大人・自由席）という値段の割に乗車時間は約10分とあっという間だが、対岸に下関市を臨む関門海峡の景色を眺めることができたり、絶対に何かがいそうな古くて暗いトンネルを走るのはなかなか面白い。トンネルの中を通る際は、天井に描かれた魚の絵がブラックライトで光るという仕掛けがあり、子どもたちはきっと喜ぶだろう。

門司港の風景に馴染むにはもう少し時間がかかるような気もするが、確かに便利な潮風号。どうか鉄道ファンや制服マニアだけのものにならず、広く親しまれる観光資源になってくれれば……と願うばかりである。

第5章
不安な副都心を抱える北九州第二の街・八幡

休日でも昼間はシーン……副都心・黒崎は大丈夫なのか

副都心・黒崎の残念な現状

市内7区の中で最も人口が多い八幡西区。その中心地である黒崎は北九州の副都心だ。普通は活気があって当たり前の場所なのだが、その衰退ぶりはすさまじく、黒崎の活性化は北九州市が抱える大きな課題のひとつとなっている。続けざまに閉店していった大型店、だだっ広いだけで人がいない駅前広場、シャッターばかりが目立つ商店街。そして、中高年ばかりの黒崎井筒屋……。

買い物がしたくてもほしいものは売っていないし、歩き回ってもランチをする店さえ見つからない。そんな黒崎をなんとかしようと複数のまちづくり団体がさまざまな活動を繰り広げているが、残念ながら結果は出ていないようだ。

黒崎が多くの人で賑わう日は来るのだろうか。

どうなる黒崎！　どうなるコムシティ!!

副都心が寂れているというのは都市にとって深刻な問題だ。北九州市は現在の危機的状況を打破するため、活性化に向けた取り組みを次から次へと行っている。

老朽化が進んでいたペデストリアンデッキのリニューアル、ふれあい通りの整備、蛎原公園のリニューアルなどその内容はさまざま。さらに、２０１２(平成24)年７月には大・中ふたつのホールをはじめ、会議室や屋外イベントスペースなどを備えた「黒崎ひびしんホール」がオープン。また、同じ日に小倉にある中央図書館に次ぐ規模を誇る「八幡西図書館」もオープン。しかし、立派な箱があっても肝心の中身が……というのが黒崎のお決まりパターン。新しい施設ができる度に「本当に大丈夫か!?」とドキドキしてしまうのは筆者だけではないだろう。そうした際には、あの「コムシティ」のことが頭の中をよぎってしまうのだ。

コムシティは、2001(平成13)年に開業したものの経営不振であっという間に閉鎖。その後2007(平成19)年に売却され再び開業する予定だったが、その計画も白紙に。駅前の一等地にありながら、随分と長い間大きくて邪魔なだけの箱と化していたのである。

しかし、そんなコムシティも2013(平成25)年にようやく復活した。黒崎再生のために北九州市が施設を3億円で買い取ったことで、新たな施設計画がどんどん進んでいったのだ。入居したのは区役所や西部整備事務所など。さらに、商業施設部分の運営は西鉄が行い、レストランやカフェ、雑貨店といったテナントも入居。区役所が入るので、必然的に人の出入りは多いしつぶれる心配がない。長い間行われてきた黒崎の再開発も、ついにこれで完成…なのだろうか。

黒崎駅に隣接するショッピングモール「クロサキメイト」にも、ぜひ若者をもっと集めてほしい

人通りが少ないアーケード商店街はどうしても薄暗く見えがち。広さも逆に寂しさを呼んでいる

合言葉は「ご安全に！」 “鉄”は北九州のステータス

社員はエリート揃い　市民の憧れ・新日鐵住金

「うちの主人、新日鐵なんだけどね」。福岡市から異動してきたMさんは、客にそう言われ返答に困った。別にご主人の職場を聞いたわけでもなければ、鉄の話をしていたわけでもない。「なんだ急に？　新日鐵？　それがどうした？」そう思ったが、客の自慢気な表情に気づき、「へぇ～、すごいですねぇ」と感心した様子で返したところ、満足させることができたという。実に北九州らしいエピソードだ。他都市からやって来た女性、しかもまるっきりの畑違いとなれば困惑するに違いない。

２０１２（平成24）年10月１日、新日本製鐵と住友金属工業が統合し誕生した新日鐵住金は、鉄鋼一貫製鉄メーカー。主に船舶、橋梁、高層ビルなどの大型構造物に使われる高機能厚板をはじめ、自動車、家電、住宅などに使われる薄板、石油・天然ガスの開発など、エネルギー分野で使われるシームレスパイプ、鉄道車両品と自動車用鍛鋼クランクシャフトなどを製造している。中には国内シェア100パーセントの製品もあり、世界ナンバー1の鉄鋼メーカーを目指す日本の一流企業だ。となれば、奥さんも自慢したくなるだろう。

新日鐵の前身である八幡製鐵所があった北九州は、製鉄で一時代を築いた都市。特に戸畑と八幡の街は、鉄と共に歩んできたと言っても過言ではない。そうした街の中で新日鐵（現在の新日鐵住金）に勤めているというのは、かなりのステータス。「エリート揃い」と名高いだけに憧れる人も多い。コンパでもモテそうである。

「製鉄の街」と呼ばれてきた北九州だが、別の分野のものづくり系企業もがんばっており、市はそれらを統括した意味合いから「ものづくりの街」とアピールしている。また、公害を克服した経験を元に手に入れた「環境の街」という称号など別の顔も持つようになり、以前よりは鉄のイメージが薄くなってきたかもしれない。

しかし、北九州市の「産業中分類別製造品出荷額等（平成21年工業統計調査結果）」の構成比によると、「鉄鋼」が全体の4割近くを占めており、現在でも北九州で鉄がいかに強いかが分かる。新日鐵住金の本社は東京だが、市内にはその製鉄所である八幡製鐵所と小倉製鉄所があり、他にもグループ会社や出入りの業者が多数あるため、何らかの形で製鉄に関わっている市民が大勢いるようだ。一般的に親しい間柄の社会人同士の挨拶ではよく「お疲れさまです」という言葉が使われるが、新日鐵住金関係の人々の挨拶は「ご安全に」が鉄則。そのため、市内ではあまたの「ご安全に」が飛び交っているという。といっても、この言葉は全世界の工場などで使われているポピュラーなもの。新日鐵住金も統合前からそれぞれの会社で使っていたというが、敬礼の形は異なっていたため住金流に統一されたとか。工場内ですれ違う際に敬礼付きで挨拶されればすんなりと受け入れられそうだが、オフィスで受けた電話で「ご安全に！」と言われてもイマイチしっくり来ないよなぁ。

新日鐵住金の歴史

年	出来事
1901（明治34）年	官営八幡製鐵所操業開始
1934（昭和9）年	製鉄合同論の高まりを受け、日本製鐵株式会社創立
1950（昭和25）年	過度経済力集中排除法により、 日本製鐵株式会社解体、八幡製鐵株式会社発足
1970（昭和45）年	八幡製鐵株式会社と富士製鐵株式会社が合併 新日本製鐵株式会社が誕生
1972（昭和47）年	東田高炉群が歴史の幕を閉じる
2012（平成24）年	新日鐵住金株式会社発足

※各種資料より作成

市の文化財に指定されている八幡製鐵所の東田第一高炉。「製鉄の街」としての大切なシンボルだ

原因は荒くれ者のDNA？
市民が恐れるヤンチャエリア

人口ナンバー1だけどヤンチャ人口も市内一？

他都市で出身地を聞かれた際、「北九州です」と言うと大抵「元ヤン」のレッテルを貼られてしまう。北九州で生まれ育ったからといって、誰もがみんなヤンキーになるわけではない！と声を大にして言いたいところだが、街のイメージがイメージなだけに、「ま、仕方ないか」と諦めるしかない。あまり認めたくはないが、やはり他都市に比べヤンキー率は高い方。「今どき!?」と突っ込みたくなるような絶滅危惧種さえいまだに存在している。

そんな北九州の中でも特にヤンチャな人が多いと言われているのが八幡だ。人口の多さからも分かるように便利で住みやすい人気の街なのだが、「ガラの悪いヤツが多いんだよな〜」と悩んでいる住民も多いという。

小倉北区から八幡西区の新興住宅地に引っ越したMさんも、「幼稚園が多くて子育てしやすいのが八幡の魅力。住みやすくて気に入ってるけど、ガラの悪い人も多くって」と話す。それを言うなら小倉北区も十分ガラが悪いのでは……と思ったが、〝ガラの悪さ〟の種類が違うらしい。小倉は都市部特有のガラの悪さ。それに対して八幡は田舎っぽいガラの悪さだという。なるほど、実に分かりやすい解説だと感心した。

街中のヤンキーと田舎のヤンキー。どちらがやっかいな存在なのか。ディスカウントストアの社員でどちらの街の店舗でも働いたことがあるというYさんは、「とにかくもう八幡はイヤかな……」と言葉少なに語った。田舎のヤンキーの方が怖かった（めんどう？）ということだろうか。

他区や市外からもヤンキーが大集合!?

八幡エリアにはなぜヤンチャな人が多いのか。その理由は定かではなく「地域性」としか言いようがないが、街を支えてきた男らしい製鉄マンの血が脈々と受け継がれているからではないか、という説がある。男気に溢れ、頼りがいがあり面倒見が良い。そんな製鉄マンたちの気質は、確かにヤンキーのそれに通じるものがある。その証拠に、他区や市外から流れてきた新しい住民が暮らす地区には、ヤンキーの姿はほとんどないらしい。

ただ、例えば黒崎などの繁華街を歩いているヤンキーが全員八幡区民かといえばそれは大間違い。八幡は、自分たちの街に最適なたまり場がない小倉南区や筑豊のヤンチャ野郎も集まってくるヤンキー受け入れ区なのだ。

現在、八幡には新興住宅地がどんどん増えているが、穏やかな地区が増えることでヤンチャエリアのイメージは薄れていくのだろうか。もしかしたら近い将来、市内のヤンチャ人口と受け入れ区に変化があるかもしれない。

昔はナンパのメッカとして有名だった黒崎の三角公園も、リニューアルしきれいになっている

八幡の祭り「黒崎祇園山笠」は、別名「けんか山笠」と呼ばれている荒々しさが人気

猪とヤンキーにご用心！新日本三大夜景・皿倉山

新日本三大夜景って一体何なの？

北海道の函館山から眺める函館市の夜景、兵庫県神戸市の六甲山地にある摩耶山掬星台から眺める神戸市や大阪市の夜景、長崎県の稲佐山から眺める長崎市の夜景。日本三大夜景と称されるこの3つの夜景は全国的にもかなり有名なものばかり。いずれも各都市の観光名所と化しているため、このうちひとつだけでも見たことがあるという人は結構多いかもしれない。しかし、この日本三大夜景に対し、「新日本三大夜景」というのがあるのを知っているだろうか。

新日本三大夜景は、1997（平成9）年に誕生したという日本最大の夜景ファンの集まり「夜景倶楽部」の有志が設立したという「新日本三大夜景・夜景100選事務局」が2003（平成15）年に選定したもの。奈良県の若草山から眺める奈良市の夜景、山梨県笛吹川フルーツ公園から眺める甲府盆地の夜景、そしてなんと八幡東区の皿倉山からの夜景が選ばれているのだ。「若松の高塔山公園の方がきれいっちゃ」という意見も多いようだが、夜景をこよなく愛する達人たちが選んだというのだから、何か根拠があるのだろう。事務局のホームページで確認したところ、視野率200度以上のパノラマ夜景を眺望できること、市の中心部からも福岡市からも近く多くの観光客が期待できることなどが理由のようだ。

これを受け、皿倉山のケーブルカー・スロープカーの運営や観光振興、環境保全整備などを行う帆柱ケーブル株式会社では、「100億ドルの夜景」というキャッチコピーと共に、新日本三大夜景のひとつであることを積極的に打ち出し誘致活動を行っている。

皿倉山のヤンキーは絶滅したのか

夜景がきれいな山はある程度整備されている上に人が少なく自由に振る舞うことができるという利点があり、暇なヤンキーたちの集会場所になりやすい。観光名所として知名度を上げクリーンなイメージが定着してきてからは少なくなってきたようだが、皿倉山といえば夜景だけでなくヤンキーのメッカとしても知られていた。夜景を見に来た女性グループにちょっかいを出したり、ロマンチックな夜景デート中のカップルに因縁をつけたり、と暇なもんだから人の邪魔をして楽しむ。こうしたヤンキーを敬遠して夜の皿倉山には近づかないという市民も多かっただろう。先ほど新日本三大夜景・夜景１００選事務局のホームページに福岡市からの観光客も期待できる……というようなことが書かれていたと紹介したが、福岡市民におすすめしても「皿倉山の夜景？　行かんよ～。北九州のヤンキーに絡まれたら怖いやん」と断られてしまう。実際に「最近何度か行った」という人に話を聞いてみたところ、夜遅い時間に出かけると遭遇してしまうこともあるというから、まだ皿倉山のヤンキーは絶滅していなかったようだ。しかし、夜中の皿倉山で気をつけなければならないのはヤンキーだけではない。駐車場付近で猪を見たという人もいるので、こちらにも十分気をつけたいところ。やはり展望台のレストランやケーブルカー、スロープカーが営業していて皿倉山のスタッフがいる時間帯に訪れるのがベストだろう。もちろん夜景を楽しめる時間までやっているのでご心配なく。

そんなことを言っていると「皿倉山には夜景しかないのか」と思われてしまいそうだが、そんなことはない。山麓駅と山上駅をつなぐ九州最長のケーブルカーは地味に楽しいし、山上駅から山頂までをつなぐスロープカーでは迫力満点の絶景を満喫できる。山頂に着けば展望台のレストランで食事もできるので、子ども連れで散歩がてら出かけるのも楽しいかもしれない。他にも天体観測やサタデーナイトトライブをはじめ、発祥の地ならではのパラグライダーフェスタなどのイベントも開催されており盛り上がっている様子。中には「皿倉山で愛をさけぼう大声コンテスト」や「皿倉山バレンタイン大作戦」といった妙なものもあるが、脱・ヤンキーのメッカが叶うのであれば、どんなイベントもドンと来い、だな。

登山道入口の標識にも「新日本三大夜景」の文字が。絶好のアピール材料として使われている

山頂には市内を一望できるパノラマ展望台も。車がなくてもスロープカーであっという間に到着

青春の味はかしわめし 学生たちの街・折尾

遠賀？　それとも中間？　いいえ、市内です!!

遠賀川に近い北九州の西側に位置する八幡西区の折尾地区は、遠賀郡・中間市を含む北九州西部の中心地として発展してきた街。そうした地理的要因のせいか、市民に市内だと思われていないことも多く、「え？　折尾って遠賀郡じゃないの？」、「え？　折尾って中間市じゃないの？」なんて声をよく耳にする。

折尾と聞いてまず思い出すのは、街のシンボル的な存在となっていた古い駅舎だろう。現在は残念ながら解体工事が行われているが、１９１６（大正５）年に完成した木造２階建ての駅舎は、日本初の立体交差駅として広く知られていた。国の重要文化財ではないものの、北九州にあるレトロな駅は門司港駅だけじゃなかったのである。

なぜそんなに立派な駅が建ったのかといえば、折尾地区がかつては大変栄えた場所だったからだ。その理由は若松区と同じで筑豊炭田における石炭の恩恵によるもの。駅周辺には江戸時代から物資の輸送に用いられていた堀川という運河があるが、明治時代には1日に何百という船（川ひらた、あるいは五平太船と呼ばれる船）が行き来し、洞海湾まで石炭を運んでいたというから随分と活気ある光景だったに違いない。

また、鉄道による石炭輸送の中継点としても活躍していたようだ。川ひらたが堀川で渋滞した際、船を一時的に係留するために綱を結びつけていたと思われる「舫石（もやいいし）」など、当時の名残も残されている。

駅周辺に学校が密集　学生が集うエリアに

石炭による繁栄の時代が終わり、現在の折尾はすっかり廃れてしまったのかというとそんなことはない。ＪＲ九州が発表した平成24年度の駅別乗車人員ランキングによると、折尾駅は5位にランクイン。1日に1万6182人もの人が利用しており、市内では小倉駅に次ぐ2位なのだ。その要因は、昔から鉄道の利便性が高く、多くの学校が駅周辺に建設されたことだろう。産業医科大学や九州共立大学、九州女子大学に、折尾愛真短期大学、九州女子短期大学といった大学をはじめ、折尾高校、東筑高校、自由ケ丘高校など、多数の学校が駅周辺エリアに固まっているため、折尾駅は常にたくさんの学生で賑わっている。

また、北九州で有名なかしわめしの東筑軒は折尾に本社があり、折尾駅では珍しい立ち売りスタイルを見ることができるとあって、わざわざ立ち寄る観光客もいるという。さらに、駅には東筑軒が運営する立ち食いうどん屋があり、そこで食べられるかしわうどんやかしわおにぎりは、折尾地区の学校を出た卒業生たちの思い出の味になっているという（こちらも駅の工事によってすでに閉店）。

卒業生たちの思い出は、もちろん東筑軒のかしわめしだけではない。いつの時代もそのままの姿で折尾の街を見守ってきた古い駅舎も、学生時代を懐かしむ大切な場所だったはずだ。

しかし、先にも記したように折尾駅は現在工事中。解体後、平成32年度の新駅舎完成を目指すといい、現在は仮駅舎での営業が行われている。解体前には最後の姿を眺めようと「ありがとう折尾駅舎」という感謝イベントで盛り上がったらしい。駅舎解体には惜しむ声も挙がっているが、まるで迷路のように複雑だった旧駅舎は利用しづらく、毎日のように駅を利用する人々からは、「やっと便利になる！」と新駅舎への期待も寄せられている。

なお、市の資料によると、解体した駅舎は開設当時の姿で南口駅前広場付近、もしくは堀川沿いの歴史公園に再現・移築される予定とのこと。ただ再現するだけでなく、観光資源にもなるような施設を目指すというが、旧駅舎の魅力は現役で利用されていたという点が最も大きい。完成しても果たして市民に親しまれる有意義な施設になることができるのだろうか。地元の年配者が眺めて「あら、懐かしいわね」と思うだけの飾り物にならなければ良いが。

折尾駅を出るとすぐ近くには、石炭を運ぶ川ひらた（五平太船）が往来していたという堀川がある

古い外観と共に構内の複雑さが有名だった折尾駅だが、「それが魅力」というファンもいたという

あの人気女優も滞在 意外と〝画〟になる北九州

ロケ地を巡る修学旅行が話題！

2012（平成24）年、名古屋と静岡の2つの高校が北九州を訪れ、映画のロケ地を巡るというユニークな修学旅行を実施した。これは北九州市が考案し誘致したもので、映画に関する修学旅行を自治体が企画するのは日本でも初の試み。3つの高校の中にはロケ地巡りだけでなく、映画製作の流れや撮影誘致による経済効果などについての講義を取り入れた学校もあるという。

旅行のプログラムには「高校生がそんな映画観たのかなぁ」と思わず心配になるような場所も含まれていたが、映画のロケ地を巡りながら市内の観光地を満喫してもらうこともできるので、同じく市が企画する「環境修学旅行」よりも学生にとっては楽しいひとときになりそうだ。

なぜ市がロケ地修学旅行を企画したのか。それは当然、市内に映画のロケ地が豊富にあるからに他ならない。「サッド ヴァケイション」など北九州が舞台の映画はもちろんのこと、原作の舞台は他の地域だったにもかかわらず、全編がほぼ北九州ロケになったという「おっぱいバレー」、北九州市立美術館の大階段が印象的に使われている「デスノート」、若松にある上野海運ビルが映画の雰囲気と見事マッチした「K－20 怪人二十面相・伝」などなど、数え切れないほどの映画がここ北九州で撮影されている。マイナーな作品だけでなく話題作も数多く撮られており、「え？ なんで北九州なん？」と意外に思う人もいるだろう。映画だけでなくドラマの撮影もよく行われているというから、さらに驚いてしまう。

映画の撮影を呼び込むＫＦＣという存在

北九州で映画やドラマの撮影が頻繁に行われているのには、大きな理由がある。1989（平成元）年に設立されて以来、精力的な活動を続ける北九州フィルム・コミッション（KFC）の存在だ。

フィルム・コミッション（FC）とは、映画などのロケ誘致や撮影支援を行う公的機関のことで、誘致によって地域の活性化や観光振興を図るのを目的としている。今でこそ全国には多数のFCがあるが、KFCは国内初のFC組織として誕生したパイオニアなのだという。ちなみにKFCは北九州市広報室内にある。

もちろん、KFCが懸命に誘致活動を行うだけで映画の撮影隊がのこのことやって来るほど甘い世界ではない。北九州にはあらゆる映画の撮影に適した環境が整っているという。

まず、交通の利便性。東京・北九州間は飛行機を使えばあっという間の距離。しかも、東京・福岡間とは違い夜遅くまで便が出ているので、忙しいキャストやスタッフの東京との往復にも困らない。また、市内には全国で6つの都市にしかないという都市高速が通っており、区から区への素早い移動も可能だ。次に食事。海に囲まれた北九州は、新鮮な魚をはじめ、おいしいものが揃う街。

北九州で撮影が行われた主な映画

映画名	主演
おっぱいバレー	綾瀬はるか
デスノート	藤原竜也
THE LAST MESSAGE 海猿	伊藤英明
K-20 怪人二十面相・伝	金城武
東京タワー オカンとボクと、時々、オトン	オダギリジョー
ザ・マジックアワー	佐藤浩市
交渉人 THE MOVIE	米倉涼子

※北九州フィルムコレクションの資料より作成

撮影の疲れを癒してくれる食事もポイントのひとつになっているようだ。

そして最後は最も大切なロケーションについて。もともと、全く性格の異なる5つの市が合併してできただけあって、ひとつの市の中にさまざまな雰囲気の街が集結しているのが北九州の特徴。明治大正のロマン漂う門司港や、城下町の風情やノスタルジックな商店街がある小倉北区、雄大な自然が残る小倉南区、赤い橋と歴史ある建築物が海に映える若松、製鉄の街としての風景が珍しい戸畑と八幡……といった具合に、ロケ地候補となる場所がたくさんあるのだ。

筑豊電鉄の映画出演も、地元を大いにわかせた。しかも出演映画は綾瀬はるか主演の「おっぱいバレー」。ノスタルジックな雰囲気が起用の理由だろう

そのため、どのような時代やジャンルの作品にもマッチしやすく、さまざまな作品を呼ぶことができるという。

市の特性を活かしたKFCの活動のおかげで、ロケ地にはおそらく修学旅行生だけでなく映画ファンも訪れており、さまざまな経済効果を生み出していることだろう。だが、市民にとってうれしいのはそれだけではない。KFCでは常にエキストラを募集しているため、なんと北九州に住んでいながら映画出演のチャンスもあるのだ。登録がまだの人は急げ！　すごい大物との共演もあるカモ⁉

北九州が舞台の映画「サッド ヴァケイション」や「プルコギ」で印象的だった若戸大橋

「東京タワー オカンとボクと、時々、オトン」に登場した小倉駅近くの商店街

北九州市コラム 4

八幡区民の心の祭り「起業祭」

「北九州の祭り」と聞いて思い浮かぶのは、「わっしょい百万夏まつり」や「小倉祇園太鼓」など夏に開催されるものばかり。福岡市であれば春には「博多どんたく」、秋には「筥崎宮放生会」、冬には「玉せせり」など四季折々の祭りをすぐに思い浮かべることができるのだが、北九州はとにかく夏祭りの印象ばかりが強く、「他に何かあったっけ？」状態なのである。

「夏以外は何もないな」と小倉生まれの筆者がつぶやいたところ、「お前は何を言っているんだ！」と八幡っ子から怒りの声が挙がった。そう、すっかり忘れていたのだが、11月になれば八幡区民が心待ちにする「まつり起業祭八幡」があるのだ。他区民にとってはあまり馴染みのない祭りなのだが、八幡の人間にとっては年に一度の一大イベント。家族や恋人とウキウキしながら出掛け、約300も並ぶという露店でりんご飴やはし巻きを食べまくったり、祭りに便

乗して路地で自分の店の商品を売りまくったりする日なのである。
　筆者がその存在をすっかり忘れていた（頭の片隅にもなかった）「まつり起業祭八幡」だが、３日間の開催で人出は約65万人（事前予測）にもなるというからすごい。メイン会場となる八幡東区の大谷球場周辺は、人・人・人でまともに歩くこともできないほど賑わっている。ずらりと並ぶ露店だけでなく、ご当地グルメである八幡ぎょうざや北九州名物である小倉焼きうどん、若松ぺったん焼き、門司港焼きカレーなどの店舗をはじめ、安川電機自慢のソフトクリームロボット「やすかわくん」

のソフトクリーム屋さんも登場。ステージでは九州発信アイドルのパフォーマンスにおじさんが群がっていたりもする。

しかし、この「起業祭」という名前。他県からやって来た人はピンと来ないだろう。実はこの祭り、1901（明治34）年11月18日に官営八幡製鐵所が作業開始式を行ったのがはじまりだという。現在は市民の祭りとして親しまれているが、そもそもは企業の祭りだったのだ。

今でこそ八幡区民以外から「起業祭に行った」という声を聞くことはあまりないが、まだ娯楽の少なかった数十年前には多くの市民がこの日を特別な日として楽しみにしていたという。製鉄で発展してきた市の一員として、どの区民も八幡区民同様、「まつり起業祭八幡」を心の祭りとすべきなのか――。いつになくごった返した八幡の街を歩きながら、ついそんなことを考えてしまった。

第6章
狭くて目立たないけど昼間人口の多い戸畑

「オレらってカッコイイ〜!」男たちが酔いしれる戸畑祇園

どや顔で勢揃い　正統派の夏祭り

祭りに出ている男たちの共通点。それは、揃いも揃って〝どや顔〟になっていることである。自分たちの祭りに誇りを持っているからこそそのどや顔には好意が持てるが、法被姿の自分に酔いしれているどや顔や、誰よりも目立っているという優越感からくるどや顔には、「はいはい、分かった分かった」と言いたくなる。

福岡県の夏の三大祭りである戸畑祇園大山笠もそんなどや顔の男たちが勢揃いする祭りなのだが、一度でも見たことがある人なら「戸畑祇園に出てどや顔になるのは仕方ない」と納得することだろう。それほど格好いい祭りなのである。

では、戸畑祇園の何がそんなに格好いいのか。まずは鉢巻、法被、腹巻、半股下、帯、鳶足袋という男たちの姿。個人的には小倉祇園太鼓の祭り装束の方が好きなのだが、戸畑祇園の祭り装束は、オーソドックスさが伝統的な雰囲気をより際立てており、見ていて清々しい気持ちになる。同じく福岡県の夏の三大祭りのひとつである博多祇園山笠の水法被&締め込み姿は、男らしく格好いいのかもしれないが、親父たちの尻が気になり直視できない。博多祇園に関してはやはり多くの女性から「あの締め込み姿がどうも……」という声をよく聞く。伝統にケチをつけるつもりはないのだが……。

次の格好いいポイントは掛け声だろう。リズミカルなお囃子と共に聞こえてくる「ヨイトサ、ヨイトサ」という威勢の良い掛け声は、確かに小倉祇園ののんびりとした「ヤッサヤレヤレヤレ」よりも随分と勇ましい。

そして、何よりも魅力的なのが夜になると見られる提灯大山笠だろう。３０９個もの提灯が組み上げられた大迫力の山笠は、文句なしに格好いい。そんな山笠を担いで走っているのだから、どや顔になってしまっても当たり前なのだ。

普段は人が少なく寂しい戸畑の街だが、祭り期間中、特に一番の見どころである競演会の日は前が見えないほどの混雑に見舞われる。戸畑区民だけでなく、ＪＲで他区や他都市からも人がどんどん集まってくる様子は、「さすが国指定重要無形民俗文化財なだけあるな」と感心せずにはいられない。昼は金糸銀糸の刺繍が施された華麗な幟山笠だが、夜になると光のピラミッドと称される高さ10メートル、重さ2・5トンの提灯山笠へと姿を変えるのが戸畑祇園の特徴であり、そのどちらも見物できるだけでなく、全8基の幟山笠が提灯山笠になる五段上げを間近で堪能できるのも競演会の魅力だ。12段もの提灯が次から次へと組み上げられていくスピードと迫力はまさに圧巻！　競演会には4基の大山笠とそれぞれの地区の中学生が担ぐ4基の小若山笠が参加しているが、どうしても迫力に欠ける小若山笠を温かい気持ちで見守り応援するのもまた楽しい。

そんな戸畑祇園大山笠だが、ひとつだけ残念なことがある。伝統的な祭りを担う若者たちの多くがちょっぴりやんちゃなムード……はっきり言っちゃえばヤンキーだということだ。面倒見が良く地域のイベントごとには一生懸命だが、些細なことで一色即発の危機が訪れてしまうのもヤンキーの特徴。祭りの会場ではハラハラドキドキの場面に出くわすこともあり、気が気でない。

幟や幕で飾られた昼の姿・幟山笠。こちらが山笠本来の姿だという

各地区の山笠を一度に見られるのが競演会の魅力。有料の観覧席は優雅に見物できるので人気だ

人口は一番少ないけれど……

戸畑駅はなぜかいつも大賑わい

人口を増やしたくても住む場所がない!!

2012(平成24)年9月30日現在のデータによると、戸畑区の世帯数は2万9987世帯、人口総数は6万758人。これは、市内7区の中で最も少ない数字だ。逆に、市内で最も人口の多い八幡西区は、世帯数11万9271世帯、人口総数が26万1458人だから、その差は想像以上に大きい。

なぜ戸畑にはそんなに人が住んでいないのか。その答えは地図を見ればすぐに分かる。そもそも戸畑にはたくさんの人が暮らす場所なんてどこにもないのだ。では、その面積についても数字で見てみることにしよう。

北九州市全体の面積は、487・89平方キロメートル。そのうち戸畑区が占めているのは、たったの16・66平方キロメートル。もちろん7区の中で一番小さい（ちなみに最も広いのは市の35パーセントを占める小倉南区）。しかも、区の名前を「製鉄区」か何かに変えた方が良いのではないかと思うぐらい、敷地の多くを新日鐵住金（旧新日本製鉄）の八幡製鉄所に占領されている（八幡製鉄所はその名前から八幡にあるイメージが大きいが、実際は八幡東区と戸畑区に分かれており、多くの設備は戸畑側にあるのだ。総合センターも戸畑構内にあり、八幡製鉄所自体の住所も戸畑区ということになっている）。

戸畑区はまちづくり計画の中で「心豊かで快適な生活が楽しめる文教のまち」というテーマを掲げており、最近は新しいマンションも増えているというが、「狭くて人が少ない」という事実は今後も変わることがないだろう。

乗車人員ランキングでなぜか戸畑が13位

「戸畑区が最も面積が小さい」という事実を他の区民に伝えると、「確かにすぐに通り過ぎちゃうもんねぇ」と納得する人が多い。だが、「戸畑区が最も人口が少ない」という事実に対しては、「え、ウソ⁉　あんなに立派な駅があるのに？」と驚く人が多い（特に戸畑とあまり接点がない門司や小倉の人々）。

確かに、ＪＲ戸畑駅はご立派な面構えをしている。朝夕の通勤・通学時間帯には多くの学生やビジネスマンらで賑わっており、〝市内最小面積の区の駅〟という印象は限りなく薄い。ＪＲ九州が発表した平成26年度の駅別乗車人員ランキングでも、１日に９５３５人でなんと第14位。これは福岡県内だけでなくＪＲ九州全駅のランキングなので、実にすばらしい成績だといえるだろう（ちなみに北九州市内だけのランキングだと、１位小倉、２位折尾、３位黒崎、４位戸畑）。

住んでいる人が少なくても、企業や学校が多いこと、駅前のバスが充実していること、若戸渡船との乗り継ぎにも利用されていることなどが戸畑駅が賑わっている理由。特に学校に関しては、国立大学である九州工業大学、北九州の名門私立である明治学園（小・中・高）の他、戸畑工業高校や北九州市立高校（昔の戸畑商業高校）などがあり、市内他区だけでなく福岡市などの市外からもＪＲを使って通学する学生がたくさんいるようだ（といっても九州工業大学の学生は九州工大前で降りる)。戸畑はまちづくりのテーマにも記されているように「文教のまち」であることをメインに打ち出している。

およそ百年前となる明治時代末、産業界の重鎮として知られる安川敬一郎とその息子・松本健次郎が「理想の教育ユートピアをつくろう」と、戸畑に私立明治専門学校(現在の九州工業大学)とその付属小学校(現在の明治学園)を創設したのだが、そうした先人の思いと情熱が、今の戸畑を救っているというわけだ。そうと分かれば、もう戸畑区民は旧松本家住宅の方に足を向けて寝るわけにはいかないだろう。建設地の第二候補には福岡市東区の箱崎が挙がっていたというから危なかった。

データで見ると確かに人口は少ないが、それはあくまで夜間人口のこと。「昼間人口はもっとおるっちゃ!」を合言葉に、どうかめげないでほしい。

JR九州駅別乗車人員ランキング（平成26年度）

	駅名	乗車人員（人/日）
1	博多	113,566
2	小倉	35,301
3	鹿児島中央	19,926
4	大分	17,406
5	折尾	16,182
6	黒崎	15,614
7	熊本	13,774
8	吉塚	12,614
9	佐賀	12,023
10	香椎	11,560
11	福工大前	10,965
12	千早	10,797
13	長崎	10,706
14	戸畑	9,535
15	南福岡	9,347

※JR九州のホームページより作成

面積の小さな街でありながら、駅付近はすっきりとした印象。狭いどころか広々としている

駅発着のバスは多く、通勤や通学に便利。駅から出てバスに乗り継ぐ人は多い

文教のまち・戸畑をつくった安川・松本親子

文教のまちを支える優秀な学校たち

「文教のまち・戸畑」のイメージを守り支える学校といえば、北九州唯一の国立大学である九州工業大学のことだろう。工学部のある戸畑以外にも、情報工学部がある飯塚、大学院の生命体工学研究科がある若松とキャンパスは3つあるが、本部は戸畑キャンパスにあり、市内外から多くの学生が通っているようだ。さすが国立大学だけあって優秀な学生が山ほどいるらしく、対外活動や先進的な研究が盛んに行われており、さまざまなシーンで名前をよく耳にする。就職率が高く、就職に強いと言われているのも特徴だろう。

しかし、文教のまち・戸畑を支えているのは九州工業大学だけではない。市外からわざわざ通わせる親も多いという北九州の名門、明治学園（小・中・高あり）だ。医師など裕福で教育熱心な家庭の子どもが多いお坊ちゃん・お嬢ちゃん学校というイメージが強いが、実際にその通りだという。市内の私立の中でもいろいろな意味で他とはレベルが違うという印象を持っている人が多いだろう。

戸畑の財産を築いた明治の実業家親子

このふたつの有名な学校が、同じ人々によって創設されたということを知っているだろうか。炭鉱経営などで財を成した明治産業界の重鎮・安川敬一郎とその次男・松本健次郎親子である。安川敬一郎は他にも八幡西区に本社がある安川電機の創設者としても知られているが、親子は戸畑の地に〝理想の教育ユートピア〟を実現するため、1909（明治42）年に明治専門学校（現在の九州工業大学）を、翌年にその附属小学校（現在の明治学園小学校）をつくったのだという。附属小学校はその後、1947（昭和22）年に明治学園小学校となり、中学校を併設。それから3年後に高等学校（当時は女子校。共学になったのは平成4年移行）が出来た。

産業界の重鎮たちが手掛けただけあって、明治専門学校はかなりお金をかけてつくられた学校だったようだ。設計は有名な建築家・辰野金吾が担当。10万坪ほどの広い敷地には、教職員や学生の宿舎をはじめ、医局やテニスコート、ゴルフ場などもあったという。「国家によって得た利益は国家のために使うべきである」との信念から巨額の私財を投じてつくったというからすごい話だ。

このように、文教のまち・戸畑は、安川・松本親子の類い希なる富と強い信念が基盤となって出来た街だといえるだろう。同じ時期に完成した旧松本家住宅も竣工百周年を迎えたことから、戸畑では最近まで「安川・松本家と戸畑の百年」という記念事業を行っていたようだが、感謝の気持ちをこめてもっともっと派手にやるべきだったのではないだろうか。

格式高い雰囲気を醸し出す九州工業大学の正門。おかげでこの門をくぐる学生は皆格好良く見える

高校では医学部志望の生徒が多いという明治学園。優秀な人材が多く育つという

さみしい・暗い・個性なし 八幡の影に隠れる戸畑区

市内でも超人気薄？　散々なイメージの街

門司や小倉の人間にとって、普段あまり訪れることのない戸畑区は八幡との区別があまりつかず、境界線も定かではない。戸畑のイメージを語ろうとしても、八幡のイメージと一緒くたにしてしまいがちだ。だがもちろん、そんな意見は当の戸畑・八幡の人々からすると「ふざけんな！」のひと言。欧米の人々が中国人と日本人の区別がつかないのと同じで、言われる方は「全然違うのになぁ」と首をかしげてしまう（筆者的には白人の方が国籍が分からないと思う）。

そこで、他区民よりも戸畑に詳しいと思われる八幡の人々にそのイメージを聞いてみたところ、「駅がきれいになった」というのが唯一の良い印象で、後は「昔から寂しいところ」、「工場しかないような気がする」、「門司港とは違う華やかじゃない港町」、「八幡の影に隠れている」、「街としての個性がない」と散々な答え。挙げ句の果てに「近いけど、八幡に住んでても戸畑に行くことなどない」との厳しい意見もあった。戸畑は近隣の人々からあまり人気のある区ではないようだ。

２０１２（平成24）年は若戸大橋50周年記念の年として盛り上がり、戸畑側でも若戸大橋の橋台一帯でイベントが開催されたようだが、若戸大橋はやはり「若松のもの」というイメージが拭えない。若戸渡船とできたばかりの若戸トンネルも同様だ。

個性はあるのになぜ目立たないのか

そんな戸畑区は、まちづくり計画の中で自分たちの強みを次のように記している。『市の中心部に位置し、交通利便性が高い』、『整った都市基盤があり、まちがコンパクトである』、『公害を克服し、企業と共生した良好な住環境を有する』、『教育、文化、福祉など都市機能が充実している』。

確かにそれは間違っていない。別の頁でも紹介してきたように、特に教育に関しては質の高い環境が整っている。「寂しく個性がない街」と思われているようだが、それは立派な個性のひとつだ。他にも、国の重要無形民俗文化財に指定されている立派な祭りもあるし、北九州で福岡県知事指定特産工芸品・民芸品に指定されているのは戸畑の「孫次凧」だけ。「とばた菖蒲まつり」で有名な夜宮公園もあるし、新日鐵住金があるため北九州工業地域の中心部という顔も持っているのだ。

こんなにたくさんあるじゃないかと思わずうれしくなってしまったのだが、通勤・通学時間以外はシーンと静まり返った駅前、ガラーンとして薄暗い商店街、道行く人の少なさを眺めていると、「個性がない」と言われても仕方がない気もしてくる。今後戸畑がどのようなまちづくりを行っていくのか、引き続き見守っていきたい。

戸畑駅前のアーケード街である中本町あやめ通り。閉められたシャッターの多さと人通りの少なさで、広い通りが余計に広々と見えてしまう

地域福祉活動の拠点であり、戸畑駅前のシンボルとして開館した複合施設「ウェルとばた」

戸畑港周辺はさまざまな企業の工場が並び、それが戸畑のイメージのひとつにもなっている

若戸大橋の渋滞を緩和する目的でつくられた若戸トンネル。開通は2012年。名前は公募によって決定したという

北九州市コラム 5

建築ファンに人気の「北九州市立美術館」

大きなふたつの箱が飛び出ている不思議な外観から、「丘の上の双眼鏡」とも呼ばれている北九州市立美術館。クロード・モネの『睡蓮、柳の反影』やエドガー・ドガの『マネとマネ夫人像』、岸田劉生の『自画像』、など、貴重な所蔵作品を多数持ちながら、戸畑区の高台にひっそりと佇んでいるため小倉や門司の人間にはあまり馴染みがなく、「行ったことがない」という人もかなり多い残念な施設だ。しかし、中には遠方からわざわざやって来るファンもいるらしい。といっても実は、美術ファンではなく建築ファンの皆さんなのだが。

西日本の公立美術館の先駆けとして北九州市立美術館が誕生したのは、1974(昭和49)年(別館・アネックスは1987(昭和62)年に増築。リバーウォークにある分館は2003(平成15)年に開設)。有名な建築家・磯崎新氏の初期の作品であり、1998(平成10)年には公共建築百選にも選

ばれている（ちなみに、福岡県内で選ばれたのは北九州市立美術館と田川市にある田川文化エリアのみ）。建物自体もアート作品、というわけだ。磯崎氏といえば数年前、福岡市が夏季オリンピックの開催を目指し構想を練っていた際に制作総指揮者として迎えられていたことが記憶に新しいが、大分県出身なだけあって九州とは縁が深い。そのせいか、北九州にはもうひとつ磯崎氏が設計した建築物があるのを知っているだろうか。北九州市立中央図書館だ。こちらも同じ1974（昭和49）年に完成した建物であり、アーチ型の屋根がおもしろい。

建築ファンによると北九州市立美術館は「外観がユニークで斬新」、「シンプルな雰囲気が格好いい」、「古さを感じさせないデザインがすばらしい」ということらしいが、映画を通して初めてその魅力に気づいたという人も多いかもしれない。北九州市立美術館の内部は、2006（平成18）年に公開された映画『デスノート』のロケ地になり、大きな階段が印象的に使われているのだ。特徴的な外観だけでなく、内部にも注目が集まったのは良いことだが、北九州市や美術館スタッフは展示品にももっと興味を持ってほしいと切に願っていることだろう。

公立美術館なので所蔵品は大切な市民の財産。ロケ地めぐりや自分の子どもの作品が飾られている時だけでなく、たまには絵画を楽しみに出かけてみてはどうだろう。といっても、やっぱり遠いんだよなぁ。

第７章
注目度が地味にアップ 市発展の新舞台・若松

「島」と勘違いされる若松のビミョーな位置

ちょっと遠いけど陸路もありマス！

高校時代、若戸渡船で若松区から通学する同級生を他区から通う生徒たちは「若松って海外なんやろ?」といつもからかっていた。町内もしくはせいぜい隣町の人間としか触れ合ってこなかった無知な高校生の多くが、行ったことも見たこともないけど「船が行き来している」、「大きな橋でつながっている」というウワサの若松区を「きっと島なのだろう」と勝手に思い込んでいたのである。海を隔てている＝外国というこれまたお馬鹿な発想で、「オレ、パスポート持ってないけ、おまえんち遊びに行けん～」などという低レベルな会話がそこら中で繰り広げられていた。確かにかつて若松は離島だったのだが、それは昔のことで今は立派な半島。まぁ、橋と船が重要な交通手段というイメージが強く（実際にそうなのだが）、陸路がないと勘違いしている人がいても仕方ないのかもしれない。

そんな勘違いをされてしまうほど普段は地味な区なのだが、2012（平成24）年はそんな若松が大いに盛り上がった珍しい年になった。若松区民の宝・若戸大橋が開通50周年を迎えたのだ。

その昔、人々は小さな船だけで戸畑と若松を往復していたらしく、大きなものや重たいものを運ぶことができず不便だったという。しかも昭和5年に渡し船で大きな事故があり、住民からは連絡道路の建設を望む声がますます高まっていた。

しかし、戦争による計画中止などでなかなか実現せず、住民たちの願いが叶ったのは1962（昭和37）年になってからなのだから、どれだけ待ち遠しかったことだろう。しかも、東洋一の吊り橋として華々しくデビュー。開通当時の盛り上がりがどれほどだったのか、全く見当もつかない。

開通50周年を記念し、特別番組が放送されたり、街コンならぬ橋コン（なんだそりゃ!?）が開催されたり、ウォーキングイベントが行われたり、写真集やオリジナルグッズが発売されたり……と大忙しだった若戸大橋。若松区民だけでなく北九州市がどれだけこの橋を大事にしているのか、どれだけこの橋のファンが多いのかがよく分かった。

もちろん、大切にされているのは橋だけではない。若戸大橋の倍以上もの歴史があり、現在でも年間約76万人が利用しているという若戸渡船も「ポンポン船」の愛称で多くの人に親しまれている。乗船時間はたったの3分程度だが（これはさすがに短いとは思う）、潮風に吹かれながら穏やかな洞海湾を渡るのは心地良く楽しい。自転車といっしょに乗り込んでいる人が多く、観光で使われる船とは違い生活に欠かせない船だということを実感すると共に、なんだか昭和っぽい風景に心が癒されてしまう。

若松には新しく若戸トンネルも誕生したが、若戸大橋と若戸渡船、この偉大な先輩たちのように若松区民はもちろん北九州市民にも愛される存在になれるのだろうか。海底にいて姿が見えないだけにハードルが高そうだ。

若戸大橋50年の歴史

年	出来事
1962年（昭和37年）	若戸大橋開通
1972年（昭和47年）	人道料金無料化
1987年（昭和62年）	歩道廃止
1990年（平成2年）	北九州都市高速道路と接続
2006年（平成18年）	北九州市道路公社が引き継ぐ
2011年（平成23年）	大規模補修工事開始
2012年（平成24年）	開通50周年

※若戸大橋開通50周年記念特設サイトより作成

若松区民の日常に欠かせない若戸渡船。仕方がないが天気が荒れると運休になるのが困りもの

地産地消が追い風に若松野菜で市民にアピール

北九州の南仏で育った人気の若松野菜

例え高層ビルがなかったとしても、自然に恵まれた若松はまるで北九州のプロヴァンス（南仏）。……と、若松区のパンフレットに書かれてあった。これを読んで思わず鼻で笑った人もきっといると思うが、北九州で唯一の海水浴場を持ち、夕日の名所や緑を満喫できるスポットが多い若松は、確かに北九州のプロヴァンスと言っても良いのかもしれない（言うのはタダだしね）。最近はその素朴な自然と街の雰囲気に惹かれる人も増えているという。

近年、北九州では地元で生産されたものを地元で消費するという「地産地消」が進められているが、そうした中で特に注目されているのが若松産の野菜たちだ。スーパーではわざわざポップに若松産と書かれていたり、コーナーができているることもあるなど、ちょっぴり特別な扱いを受けているのをよく見かける。地元の野菜は鮮度も良く、産地が詳細に分かることから安心感があって人気が高いが、中でも若松産の人気は高いようだ。恵まれた自然の中で育っていることを市民がよく知っているからだろう。

全国でも有数の生産量を誇る冬キャベツ、ギリギリまで水を与えずに育てる水切りトマト、早朝に収穫したものを出荷しているという新鮮なブロッコリー、冬の間は一面のキャベツで覆われていた畑に実るスイカなど、若松野菜にもいろいろあるが、最も有名で人気のあるのがキャベツだろう。

玄界灘に面した若松は、年間の風量がかなり多い土地であり、キャベツ畑には絶えず潮風が吹いているという。そのため、「潮風キャベツ」というのが若松産キャベツの名前。ミネラルをたっぷり含んだ潮風を受けて育ったため、通常よりも甘みが強く、芯までおいしく食べられるのが特徴とのこと。山林を造成した赤色土、褐色森林土の畑で栽培されているため、じっくりと時間をかけて育つらしく、結果、巻きが強くずっしりと重たいキャベツになるそうだ。そのおいしさは広く評価されている。

北九州には約2千ヘクタールの農地があり、約3300戸の農家が野菜や米、果物や花などを生産しているというが、その農業は野菜が中心。若松区の他にも小倉南区で白菜や小松菜、ほうれん草、しゅんぎくなどが生産されているようだ。こちらも若松同様に自然が広がったエリアなので、確かに野菜がすくすくと育つのだろう。若松野菜がキャベツなら、小倉南区野菜の代表選手は大葉しゅんぎく。一般的なしゅんぎくと違って葉先が丸くギザギザしていない大葉しゅんぎくは、冬になると「鍋旬ぎく」という名で売られている人気の野菜。北九州独特のもので市外では見ることがほとんどなく、他都市に引っ越した人は鍋の季節になると大葉しゅんぎくを懐かしんでいるようだ。

こうしてみると、工業の街というイメージばかりが前面に出ている北九州だが、他の分野でも十分成果を出していることが分かる。全国にもっと北九州のいろいろな顔を発信するため、若松にはこれからもぜひがんばってほしい。農業が盛んな先進国でもあるフランスのように豊かなイメージを持つためにはやはり自称・プロヴァンスである若松に気合いを入れてもらうしかないだろう。

若松で育つキャベツは、おいしいと評判。小倉発祥焼うどんの定義には「キャベツは若松産であるべし」との項目があるが、シャキシャキと歯ごたえの良い若松産キャベツは、確かに焼うどんとの相性も抜群だ

若松にあるJAの直売所「かっぱの里」は、新鮮な若松野菜が手に入るとあって市民に人気

絵に描いたような幸せ家族が他区から集う北海岸エリア

若松にだって楽しい場所はある！

小さな子どもがいる北九州市民は大抵、休日になると若松の北海岸エリアに集合する。若い頃は「あんな田舎、行ったって何もないし」と若松とその区民を散々馬鹿にしてきたというのに、家族ができた途端、子どもたちを連れていそいそと若松に向かう。人間とは実に勝手な生き物である。

しかし、休日に若松北海岸に集まっている家族は本当に幸せそうだ、と常に思う。寂しい商店街やなくなってしまった商業施設のイメージが強く、「若松には遊ぶところがない」、「人が集まらない」という印象を持たれがちだが、北海岸では大勢の大人や子どもが楽しそうに遊んでいる。

糸島に似ている？　期待の北海岸エリア

若松北海岸は、博多湾、唐津湾、東松浦の海岸まで続く玄海国定公園の玄関口といえる場所。白い砂浜が美しく、海水浴はもちろんサーフィンなどのマリンレジャーが盛んな「岩屋海水浴場」をはじめ、夏には多くの家族が砂浜を埋め尽くす「脇田海水浴場」、九州最大級の釣り施設である「脇田海釣り桟橋」、干潮時に長さ200メートル、幅50メートルもの板状の岩盤が姿を現す「千畳敷」、さらには夕陽の名所として知られる「遠見ヶ鼻・妙見埼灯台」など、北九州市内だけでなく福岡県内でも広く知られる自然スポットが点在している。

また、レジャー施設が揃っているのもこのあたりの魅力だろう。「ひびき海の公園」内に脇田漁港で水揚げされた魚介類を販売する物産館やレストランがあるフィッシャーマンズワーフ「汐入の里」がある他、北海岸エリアのすぐ近くには子どもたちが走り回って遊べる大芝生広場や大人に人気のバラ園がある「グリーンパーク」、そして、たくさんのカンガルーと触れ合える「ひびき動物ワールド」があり、遊ぶ場所には困らない。ちなみに、汐入の里にはチャペルがあり、結婚式ができるとのこと。若松区民同士のカップルにいいかもしれない。

最近、県内の福岡付近では休日のお出かけスポットとして糸島エリアがやたらと人気だが、若松北海岸エリアはこの糸島によく似ている(ような気がする)。糸島といえば、カフェやレストランなどが続々と増え、若い夫婦やクリエイターなどが競って移住するおしゃれスポット。似ているのであれば若松北海岸エリアももっと大きな可能性を秘めているのかもしれない。しかも糸島はもっと不便でもっと田舎。なんだか勝てそうな気さえしてくる。

まぁ、それは勘違いかもしれないが、他都市からももっと大勢の人が集まる場所にすることはできないだろうか。幸せファミリーに人気なのは良いことだが、若者たちの人気デートスポットになるようなエリアになれば、もっと違う未来が見えてくるかもしれない。

1994（平成6）年から「マリノベーション事業」が実施され、きれいに整備された脇田海水浴場

「グリーンパーク」の広大な芝生広場では、たくさんの家族が思い思いに休日を楽しんでいる

日本一の石炭の積出港として栄えた時代の名残たち

石炭景気に沸いたかつての若松

「かつて栄華を誇っていたのだが……」。北九州にはそんな紹介文句が似合う街が多い。日本一の石炭積出港として栄えた歴史を持つ若松区もそのひとつだ。

若松が石炭積出港として大きく発展したきっかけは、1891年、若松～直方間に筑豊興業鉄道が開通したこと。それまでは「川ひらた」もしくは「五平太船」と呼ばれる船で筑豊炭田から若松の港まで石炭を運んでいたのだが、産出量の増加で輸送が追いつかなくなっていたこと、船での輸送には時間やお金がかかること、どうしても災害に弱いなどの問題があったため、炭鉱主たちは鉄道の敷設を切望し、資金集めに奔走。そんな彼らの努力が実り、炭鉱を支える新たな輸送手段が誕生したというわけだ。その後、昭和30年代のエネルギー革命によってエネルギー資源の主役が石炭から石油へと移行するまで、街は石炭景気に沸き、活気に満ちていたという。今では想像もつかない話だ。

若松と同じように〝かつて栄華を誇った街〟のひとつ門司には、当時の面影を残した歴史的建造物が並ぶ「門司港レトロ」があるが、若松南海岸通り（若松バンド）にもかつての若松を垣間見ることのできる風景が広がっている。中でも門司港レトロのようにモダンな雰囲気を醸し出しているのが、旧古河鉱業若松ビルだ。１９１９年、筑豊で石炭事業を展開しようと考えた古河鉱業が、進出する際に若松支店のオフィスビルとして建設したそうだが、２００４年に保存改修工事を経て、「交流・文化・観光」の拠点施設として生まれ変わった。煉瓦づくりの風格ある建物と赤い若戸大橋のコントラストは美しく風情があり、ニュータウンから続くこのエリア一帯をおしゃれに見せている。

その風景にさらなる味わいを加えているのが上野ビルだ。旧三菱合資会社若松支店のビルとして１９１３（大正２）年に建設。複数の映画やＣＭのロケ地として使用されたこともあるというが、なるほどその風格はすごい。しかも、驚くことにさまざまな会社やカフェ、雑貨屋や洋服屋などのテナントが入っているというではないか！　ビル内の見学ができるだけでなくコーヒーを飲んだり買い物を楽しんだりできるのだから、建築ファンにはたまらないスポットかもしれない。妙にきれいに修復されて誰も来ない史料館になっているより、こちらの方がずっと魅力的だ。

他にも、1905（明治38）年に建てられた石炭会館や1920（大正9）年に建てられた朽木ビルなど、若松南海岸通りには歴史を感じさせるお宝がいっぱい。しかし、旧古河鉱業若松ビルの向かいにあった旧麻生鑛業ビルは2006年に解体されてしまったとのこと。「久しぶりに来たのになかった」、「好きだったのに」と惜しむ声も挙がっているようだ。

しかし、このエリアは公募によって「エルナード」という愛称もつけられ（あまり浸透していないけど）、区民はもちろん多くの市民に親しまれている様子。石炭荷役人である「ごんぞう」と呼ばれた人々の詰め所を模して建てられたという休憩所・旧ごんぞう小屋もあり、散策に訪れる人もそれなりにいるようなので、この風景がこれから大きく変わってしまうことはないだろう。

建物は2階建てだが、3階部分まで伸びた先端の丸い塔がかっこいい「旧古河鉱業若松ビル」

「石炭会館」は、モルタル塗りの外装とシンメトリーな造り、入口にある一対の円柱がおしゃれ

市が整備した「旧ごんぞう小屋」。最盛期には4000人近くのごんぞうが活躍していたという

荷役作業の場だった「弁財天上陸場」の向かいには、厳島神社（弁財天）がある

認知度がなかなか上がらない北九州市エコタウン

市民の誇りのはずが認知度はイマイチ

日本全国から大勢の人が見学に訪れているというのに、肝心の北九州市民にはあまり知られていない場所がある。若松区の響灘地区にある「北九州市エコタウン」だ。

「環境首都」を目指し、環境に関するさまざまな取り組みを猛スピードで行い続ける市が、〝住民の誇り〟であり〝北九州の顔〟であると自信を持って進めているエコタウン事業だが、残念ながら市民の認知度はイマイチ。例え名前や場所を知っていたとしても、その概要を正確に言える人はあまりいないようである。

なぜ認知度が低いのかについては、「市民の環境に対する意識の低さ」ということなのだろうが、国から承認を受けた後、市が事業を開始したのが1998（平成10）年だというから、もう10年以上の年月が流れていることになる。それで市民の反応が「何ソレ？」レベルなのはあまりにも悲し過ぎやしないだろうか。

廃棄物ゼロを目指す先進的な企業団地

ホームページによると、北九州市エコタウンとは、「循環（リサイクル）型社会を目指す企業団地」のこと。「あらゆる廃棄物を他の産業分野の原料として活用し、最終的に廃棄物をゼロにすることを目指し、資源循環型社会の構築を図る」というエコタウン事業を進めるために、さまざまな企業や団体、大学が集まって3R（リデュース・リユース・リサイクル）を推進している場所だという。そのため北九州市エコタウンは、3Rに関する技術やノウハウ、それらを持つ優秀な人材の育成に成功。おかげで3Rは北九州市の特技のひとつとなった。

全国には、北九州と同じくエコタウン第１号となった長野県飯田市、神奈川県川崎市、岐阜県飯田市など、26地域にエコタウンが存在しており（平成23年10月現在）、今ではすっかり珍しいものではなくなってしまったわけだが、古くからやっているだけあって北九州市エコタウンは全国でも有数の規模。例えば、２００１（平成13）年に施行された家電リサイクル法に対応するため、家電メーカーなど9社が出資して設立された西日本家電リサイクル株式会社や、ペットボトルを資源として活かすために市と民間６社によって設立された西日本ペットボトルリサイクル株式会社、日本初のシュレッダーレス方式で使用済み自動車をリサイクルする西日本オートリサイクル株式会社など、複数の企業が活動しているという。また、市が水道などのインフラを整備した用地を確保し、安い賃貸料で用地を提供しているという実証研究エリアには、福岡大学資源循環・環境制御システム研究所や九州工業大学エコタウン実証研究センターなどが置かれている。

こうして取り組みの内容を並べてみると確かに小難しく感じるので、市民が親しみづらくても仕方ないのかもしれない。しかし、「何だかよく分からないけど、リサイクルがんばってるんだね」という認識ぐらいはもう少し高めてもらえれば、「プラごみ分けるの面倒臭～い」と全てを燃えるごみの袋に突っ込んでしまう人が少しは減るに違いない。せっかくの施設だが、エコタウンを知らなくても結局は3Rの重要性を知っていればそれで良いのだ（ということにしておこう）。

しかし、エコタウンでは注目すべき新しい動きも行われている。日本初の本格的レアメタル回収事業だ。「レアメタル」という言葉に反応した人もいると思うが、それでも「興味がない」という人もどうかそんな冷たいことを言わず、北九州市が少しでも「環境首都」という目標に近づくことができるよう、まずはエコタウンの名前と場所、概要だけでも話せるようになろうではないか。やはり市の発展に市民の協力は必要不可欠なのだから。

市民もしくは市内に通勤・通学する人なら無料で見学できるという北九州エコタウン（北九州エコタウンセンターのみの見学はその他の人も無料）。環境都市・北九州の市民なら一度は訪れてみても良いのかも

北九州市コラム 6

市民の関心が薄い「北九州学術研究都市」

市民以外の人に街のイメージを尋ねると、大抵ダークな単語しか返ってこない北九州市。しかし、そんな北九州市にもスマートなイメージの場所があることを知っているだろうか。

名前からして格好いい「北九州学術研究都市」である。2001（平成13）年4月に開設したため、すでに10周年を過ぎているのだが、残念なことに市民の関心が薄く認知度がイマイチ。「どんなところか知ってる？」と数人にインタビューしてみたところ、「なんか頭のいい人が集まってるんだよね」、「研究してる人がたくさんいるんだっけ？」と、なんともいい加減で曖昧な反応しか得ることができなかった。というわけで、まずは簡単に概要を紹介したい。

北九州学術研究都市は、理工系の大学や研究機関がひとつのキャンパスに集積するという独自の試みを行うために開設された日本初の都市。そこに集まる

大学等の「知」を活用することで、「アジアの中核的な学術研究拠点」と「新たな産業の創出・技術の高度化」を目指しているという。現在は、北九州市立大学国際環境工学部・大学院国際環境工学研究科、九州工業大学大学院生命体工学研究科、早稲田大学大学院情報生産システム研究科、福岡大学大学院工学研究科と、15の研究機関、42社の研究開発型企業が集まり、特に「環境技術」と「情報技術」を中心とした研究活動が展開されているというから、市民の関心の薄さからは考えられないほどすごい場所なのだ。

しかし、内容が内容だけにほとんどの市民が「やっぱり私には関係ないわ」と思っているのが事実。「ひびきの祭」なるものも毎年開催しており、「気軽に来てね！」と歓迎ムード満載なのだが、それでも「自分には場違い」と感じてしまう人が多いのかもしれない。

そんな北九州学術研究都市だが、ここは何も大学や企業が集まるだけの街ではないという。現在、北九州市が進めているのは、先端科学技術に関する教育・研究機関の集積と良好な住宅街の供給を同時に行う複合的なまちづくり。暮らしに必要な施設が充実している……とは言い難いが、大学の図書館や体育館、運動場などを一般市民が使うこともできるので、知的な暮らしにあこがれる人や「将来、子どもを研究者にしたい」という人には最適かもしれない。ダークな都市でスマートな暮らしを実現することができる——。ここは、そんな街なのかもしれない。

第８章
衰退気味の北九州
これからどうなる？
どうする⁉

結局、バラバラのまま北九州は進んでいく!?

まとまらない事情は意外に奥深かった

市制50周年を迎えながらも、いまだひとつの市としてのまとまりに欠ける北九州。それゆえ、市民は暮らす区が違うだけで互いのことをまるで知らず興味すら持っていなかったり、それぞれの区の個性が強すぎて市の特色をひと言で上手く説明できなかったりする。なぜこのようにバラバラなのか━。その理由は、5つもの市が対等合併して誕生した珍しい都市であること、そして、合併など必要ないぐらい裕福だった旧戸畑市と、下関市との合併を夢見ていた旧門司市がなかなか首を縦に振らなかったことで、合併話自体がなかなか進まなかったことによる弊害だろうと考えていた。しかし、今回この「これでいいのか福岡県北九州市」の執筆を進めるうちに、そこにはもっと複雑でディープな要因が絡み合っていることに気が付いたのである。北九州は我々が思っているほど単純な街ではなかったのだ。

そもそも違いすぎる各区のバックボーン

まずは「もともと5つの市だった」なんて話よりもずっと古い歴史による影響。市が違うなんて規模の問題ではない。北九州はその昔、筑前国と豊前国という2つの〝国〟に分かれていたのだ。現代を生きる我々は意識していなかったとしても、この時代に根付いた土地の文化や人の気質というものは時代を超えて脈々と受け継がれているもの。ふたつの国の文化と気質が入り交じった街がまとまらないのは当然のことなのである。区ごとにバラバラ感はあるものの、特に「小倉・門司」という東側と「八幡・戸畑・若松」という西側とで大きく様子が異なるなぁ……と常々感じてはいたが、それも歴史の因果となれば納得だ。

もうひとつは、各区がそれぞれに繁栄の歴史を持っており、「他区には負けていない」という高いプライドを誇示しているということ。国内外の貿易で栄え港町として一時代を築いた門司、古くは長崎街道の起点として、そしてその後は軍都として重要な役割を果たしてきた小倉、日本一の石炭の積出港として今では信じられないほど賑わっていた若松、八幡製鉄所を中心に工業の街として全国から労働者が集まり一気に発展を遂げた八幡と戸畑。

繁栄のジャンルが異なるため、「どの街の歴史が一番すごい！」などと安易に順位を決めることができず、市は全ての街の歴史を「北九州の特色」として平等に打ち出す。そのため、いつまでたっても市のイメージに明確なものが生まれない。教科書に掲載されていた「北九州工業地帯（現在は北九州工業地域と呼ばれているが）」という言葉の影響からか、市外の人には「工業の街」として認識されていることが多いが、自分の区の歴史に誇りを持つ八幡・戸畑以外の人間にはピンと来ないことも多いようだ。

次の50年に向けまとまりのある市へ

このように複雑でディープな要因が絡み合い完成した北九州という名のバラバラシティ。ここに足りないのは、〝区の垣根を越えて共通する市としての特色〟に他ならない。この50数年の間、市民がその共通項を見つけることができなかった、見つける気さえなかったのが、北九州にひとつの市としての一体感が生まれない最大の理由なのではないだろうか。

だとすれば、市の一層の努力や市民の意識改革によって現状を打破することは可能なはず。そのためにはさまざまな専門的手法があるのかもしれないが、筆者としてはぜひ次のふたつを提案したい。

ひとつ目は、当たり前だが〝区の垣根を越えて共通する市としての特色〟を見つけること。実はこれはすでに存在している。日本でも有数の「環境の街」だという点だ。公害を克服した歴史とノウハウがきっかけになっているため、「工業」という八幡・戸畑のキーワードを連想する人もいるかもしれないが、市の環境に対する取り組みは市内全域で行われているため、各区に共通する特色だと断言できるだろう。世界の環境に対する動きとそれに対する市の取り組みに多くの市民がまだついて行けていないこと、全国的に北九州は環境というクリーンなイメージよりもダークなイメージの方が勝っていることが問題点として挙げられるが、これらをクリアすることができれば(それが難しい!?)、「環境の街・北九州」として街にも市民にも一体感が生まれるに違いない。

ふたつ目は、「もういっそバラバラだということを前向きに捉えていこうぜ」という提案。よく考えれば、区それぞれにこれほど明確な個性が存在するというのはすごい話。要するに、それ自体が立派な〝北九州の特色〟なのだ。7つの区があるのだから、「7色の街」みたいなキャッチコピー（ちょいダサイが）をつけてPRしてみるのもおもしろいかもしれない。区同士が互いを認め合うことができれば、こうした取り組みで一体感を引き出すことができるだろう。

さぁ、もしあなたが北九州市長ならどちらを選ぶ？　と言っても、どちらにしろ大切なのは市民の意識改革。それが無理なら50年後もやっぱりバラバラに違いない。

豊前国と筑前国との国境を示した国境石のひとつが、旧戸畑区役所前に移されている

長崎街道は、起点となる常盤橋だけでなく、当時の風情が残る八幡の木屋瀬も注目されている

ダークなイメージを払拭その鍵を握るのは……

ダークな街の実情になぜか疎い市民たち

世間から「怖い街」だと言われ続けて数十年。「昨夜、小倉北区の路上で〜」などというニュースが流れる度に、北九州よりも犯罪件数がはるかに多いはずの福岡市民から「またか」とため息をつかれ、ネットには「北九州怖すぎワロタ」、「こんなところに住んでるなんて……ガクブル」などとボロクソに書き込まれてしまう北九州。近いところでは2002（平成14）年の「北九州監禁殺人事件」が有名だが（最近話題になっていた尼崎事件は、北九州監禁殺人事件に似ていると表現されることが多い）、確かに悪質な事件は多く、ダークなイメージがこびり付いているのも仕方ない。

しかし、当の市民たちの心はいつだって至って平和。暴力団の抗争が起きピストルの弾が飛び交おうが、物々しい雰囲気でパトカーが行き交おうが、「私には関係ないし〜」と知らん顔。道路で珍走団（暴走族のこと。福岡県警はよくこの名称を使用している）がけたたましい音を立てていても、バックミュージックのひとつ程度と感じているのか、市民の反応は実に穏やか（諦めているだけ、という説も）。地方局のニュースを見ながら、「また博多で引ったくりだって。怖い街ねぇ」と、自分の街のことをすっかり棚に上げ、嫌いなお隣さんの話題に眉をひそめているのだ。一体、どんな不思議感覚なんだ？　と疑問が湧くが、街中よりも自然豊かな郊外に住んでいる人の方が多い北九州。のどかな環境に囲まれて暮らしながら街のダークなイメージを実感し続けるのは確かに難しいのかもしれない。

ヤンキーの多さが子育て家庭を直撃

だが、郊外に暮らす分身近なヤンキーの存在に頭を悩ませている人は多いだろう。市内各校区の大半が、半分は比較的品の良い家庭が揃う新興住宅地、もう半分はガラの悪い家庭もある昔ながらの住宅地というハーフ&ハーフな構成になっており、どの学校でも前者が後者に悩まされているというケースを少なからず耳にする。

また、ヤンチャな子どもたちがそれぞれの学校で足を引っ張っているせいなのか、北九州は都市の規模の割に学力のレベルがあまり高くはないという。新興住宅地の家庭では、「自分の子がヤンチャな子たちにいじめられてしまうのではないか」、「周囲の影響でヤンキー化してしまうのではないか」という懸念に加え、学力レベルを心配して私立の小・中学校に通わせるケースも多いが、そうした親に対して「ただの見栄っ張り」、「金が余っているだけ」、「子どもがかわいそう」という一方的な感情を抱く人は多く、受験にもさまざまな覚悟が必要。私立高校に通う生徒に対し「公立に落ちただけ」というレッテルを勝手に貼ってしまうところや、実際にほとんどの生徒がそうであるところも、他の都市に比べ大人も子どもも教育に対する考え方が進んでいないことを示している（需要がないせいか、市内には実際に公立のスベリ止め程度にしか考えられない私立高校ばかり……という悪循環もよく指摘されているが）。

しかし、いくら北九州とはいえ時代はすでに21世紀。さすがにヤンキーも絶滅危惧種化しているだろうと考えていたが、夏祭りの会場に大集合したヤンキーの数に「まだこんなに生息していたとは……」と絶句してしまった。これでは小倉の繁華街の問題が解決しても、街中の犯罪が減ったとしても、ダークなイメージの払拭は厳しいに違いない。その昔、炭鉱などの労働者として全国からこのエリアに多くのならず者が流れてきたことがガラの悪いイメージを生み出した一因だと考えられているが、それから世代がいくつ交代しても街が変わることはないのだろうか。

キーワードは環境の改善と教育か

市は公害の克服をはじめ、寂れたエリアの再開発など、ダークなイメージを払拭する取り組みを次から次へと行ってきた。特に市制50周年を迎えるにあたってその動きはさらに活発化し、街は随分と小ぎれいになったように思う。それだけに、2012（平成24）年に起こってしまった「暴力団員立入禁止」の標章を巡る一連の事件は、残念としか言いようがない。市民の中にはすでに事件のことなどすっかり忘れ、変わらず「街は今日も平和だなぁ」と思いながら暮らしている人も多いが（さすが！　の不思議感覚）、北九州を外から客観的に眺める他都市の人々は、忘れてはいない様子。「怖い街」のイメージは以前よりも強くなってしまった。

ダークなイメージの払拭のために、一連の事件の解決と再発防止に努めなければならないのは言うまでもないが、それは福岡県警の皆さんにお願いするしかないため、市は引き続き環境の改善に取り組み明るい街を作っていくしかないのだろう。市民にできることももちろんある。身近にいるヤンチャっ子たちを本物のヤンキー、もしくはそれ以上に仕上げないよう見守り教育していくことだ。どちらも一朝一夕には解決できない時間のかかる対策方法だが、地道な努力はきっと報われる……と思う。

以前、荒れた様子が全国放送された小倉南区の中学校。取材を受けた学校側の姿勢を評価したい

戸畑祇園大山笠では喧嘩が勃発。警察官に抑えられなだめられる威勢のいい兄ちゃんたち

九州の未来を支えるのは北九州かもしれない

百万人はいなくても人口は九州第2位

「B－1グランプリin北九州」をはじめ、「北九州市誕生祭」といった市制50周年関連イベントなど、数々の大型イベントの開催が続いた北九州。いずれも大いに盛り上がったが、「わっしょい百万夏まつり」の混雑ぶりには叶わなかったかもしれない。市制25周年を迎えた1988（昭和63）年、「市民の心を一つに合わせ多くの人々が楽しめるまつり」を目指してスタートしたというまだ歴史の浅い祭りだが、市民の心がひとつになったかどうかは別として、今ではすっかり市一番のイベントにまで成長した。

しかし、祭りのネーミングに「百万」と入れてしまったため、最近では市外の人に「人口が百万切ったのにまだ〝わっしょい百万〟とか言ってんの？」とバカにされがち。事実なので何とも言い返すことができないが、例年人口を上回る150万人以上の人が訪れているらしいので、「百万人以上来とるんやけ、いいんちゃ」とでも言っておこう。

市が「百万」という言葉にこだわるのにはワケがある。合併当時、北九州は九州初の百万都市となって話題を集めたからだ。そのため、百万という数字は市の大切なキーワード。残念ながら1979（昭和54）年には福岡市に人口を抜かれてしまい（逆にそれまで勝っていたというのも驚き）、2005（平成17）年には百万を下回ってしまったが、祭りがスタートした1988年にはまだ百万人以上の人口を保っていたため、安心してこの名を付けてしまったのだろうか。個人的には百万という言葉が入っていようがいまいが、それ以前に「そのネーミングセンスは何なんだ」と言いたい気持ちでいっぱいなのだが。

市が「百万都市」をアピールし過ぎていたせいか、百万人を切ってしまったことを必要以上にバカにされる北九州。そのため市民は「どうせ人口が百万人もいない田舎だし」と必要以上に自分の街を卑下する傾向にある。しかし、よく考えてみてほしい。人口が百万を超えた都市など日本には10程度しかなく、北九州の人口は現在でもかなり上位の方。全国に20しかない政令指定都市のひとつであり、九州では福岡市に次ぐ人口第2位という大都市なのだ。佐賀市や長崎市より大きいのはもちろん、おしゃれで賑わっている街というイメージのある熊本市よりも規模がでかい街なのである。市民がどうしてもっと自信を持たないのかが不思議だ。

大都市なんだけど……都会ではありません

確かに北九州は都会っぽさをあまり感じない街だ。人口の多さだけでなく、全国的さらには世界的にも有名な企業の存在、充実した交通インフラ、環境や国際交流に対する市の先進的な取り組みなど、大都市と呼ぶに相応しい要素が揃っているというのに、なぜか市民も市民でない人たちも一様に北九州は都会ではないと思っている節がある。実際に「北九州に転勤が決まった」というビジネスマンの多くは、怖い街というイメージがあるからではなく「あんな田舎に転勤だなんて」とがっかりするという。

しかし、実際にやって来た転勤族のほとんどが想像もしていなかった北九州の大都市ぶりに驚く。中でも交通インフラの充実度についてはかなりの衝撃を受けるらしい。まずは飛行機。空港がある自治体は別に珍しくないが、国際線も飛んでいるし（釜山だけだが）、東京から夜中に到着する遅い便もあるので利便性が高い。しかも、ゆったりとした革張りシートで黒い機体がおしゃれなスターフライヤーが利用できるとあって高い評価を得ているようだ。そして初めて見た人は思わず歓声をあげてしまうというモノレール。駅に出入りする様子は案外格好良く、慣れるまでは思わず見入ってしまうこともあるとか。早くて快適なため気に入る人が多く、転勤族はモノレール沿線上の守恒エリアのマンションを住まいに選ぶことが多い。他にも小倉駅にはどの新幹線も停まることや、バス路線が充実していることなど大都市っぽさを感じるポイントは多々あるが、転勤族が最も驚き、そして不思議に思うのが都市高速道路の存在だという。「ご近所の福岡市にもあるため、自分たちの街に都市高速があることを「当たり前」だと感じている市民にとっては、どうして驚かれるのかが分からない。

だが、全国に存在する都市高速は、首都高速道路、阪神高速道路、名古屋高速道路、広島高速道路、福岡高速道路、北九州高速道路の6つのみ。北九州はそうそうたるメンバーの中に入っているため、他都市から来た人は「なぜこの街に都市高速があるのか」と首をかしげてしまうのだ。

これらのことを総合して考えてみると、やはり北九州は多くの人が考えているよりずっと大都市なのである。だが、常に人で賑わい栄えているというエリアの少なさ、デパートや商業施設の少なさ、寂れた街の多さを考えると、「都会である」とは言い難い。つまり、「大都市だけど都会じゃない」というおかしな街。それが北九州の真の姿なのだ。

市民が自信を持てばきっと何かが変わる!!

大都市なのに街も人も都会っぽくなれない理由。それはやはり、自分たちの街を「田舎だ」と卑下する市民のせいではないだろうか。自分に自信のない女の子が可愛くなれないのと同じ。自信がないから着飾ることができないし、自分を上手くアピールすることもできない。市の先進的な取り組みが関係者以外にあまり浸透していないのも、観光資源を持っていながら観光地があまりパッとしないのも、全てそれが原因だとすれば頷ける。自分たちの街に対して過剰なほどの自信に溢れ、「福岡はよかとこやもんね」とアピールしまくる福岡市民を少しは見習ってみてはどうだろう。これまで気付かなかった新たな市の魅力を発見することができるかもしれない。ほんの少しの意識改革がきっかけで、北九州が九州ナンバー1の都市になる……。いつかはそんな日がやって来るような気がする。

北九州にも最近増えてきたタワーマンション。こうした風景が増えると都会らしさが出てくる

初めて見た人が思わず驚くモノレール。特に「銀河鉄道999」の車両だと喜ばれるかもしれない

面積が広い北九州は、区と区の移動が意外に大変。働く人にとって都市高速はかなり便利な存在

滑走路が短いなど問題の多かった旧空港に代わり、2006（平成18）年に開港した北九州空港。人工島に建っており、連絡橋を使って行き来する。アクセスの問題で福岡空港を利用する市民も多い

人口激減でどうなる北九州市のこれから

まえがきでも記したように、最近の北九州市の心配事といえば人口減に関する問題だろう。1963年に旧門司市・旧小倉市・旧八幡市・旧若松市・旧戸畑市という5つの市が対等合併して誕生したという珍しい都市・北九州の当初の人口は、約102万4000人。九州初の百万都市として日本中の話題となった。その後、人口は徐々に増加を続けていたが、昭和の終わり頃から少しずつ減少を始め、2005年5月には推計人口が100万人を割ったことを発表した。その随分前から「このままでは100万人を割ってしまう」と、さまざまな対策が行われてきたようだが、その努力は実らなかったようだ。当時すでに北九州市民から福岡市民になってしまっていた著者は、少なからず胸を痛めた記憶がある。

百万都市であることを誇りとしてきた市の落胆はいかばかりであっただろうか。周囲からは「それでもまだお祭りの名前に〝百万〟ってつけるわけ？」とからかわれた市民が一体何十万人いるだろうか。これからのことを思い、不安を募らせていた人も多いはずだが、「まぁ、時間の問題やろうと思っとったしね」、「よくもった方なんやない？」、「若い人はもっと都会に行きたいやろうしね。仕方ないやろ」といったクールな反応も多かった。

しかしそれ以降も人口減は一切止まらず、現在、北九州市の人口は95万８２１５人（平成27年9月1日現在）となっている。かなりざっくりではあるが、およそ10年で5万人近くも減っているとなるとさすがに穏やかではない。「仕方ないやろ」とどこか他人事のように語っていた人々の中にも、「このままで大丈夫なのか？」、「これから先どうなっていくのだろうか」と焦りの色が見えてきているのではないだろうか。実際、北九州の未来に不安を感じている人は多いだろう。すでに、九州初の百万都市という華やかな実績についても、若い人の間ではあまり知られていないかもしれない。人が減る↓資金力がなくなる↓魅力的なまちづくりが行えない↓ますます人が減る……という負のスパイラルに陥ることは何としても避けたいところだが、すでに現在、それに近い雰囲気は感じられる。全国的に見ても決して田舎ではなく、九州の中ではまだまだ十分な都会であるが、それでも最近は「北九州なんて所詮田舎やし」と話す市民も多く、昔の華やかな印象を失いつつあるのは間違いない。この項では、「どうすれば北九州の人口減を止められるのか」について著者なりに少し考えていきたい。「まずはお前が戻って来いよ」と言われてしまってはどうしようもないのだが。

さて、まずはどうして北九州から人がいなくなっているのか。人口減の理由について考えたいと思う。北九州から出て行った人々は、一体どこへ行ってしまったのだろうか。どこで何をしているのだろうか。

調べてみたところ、どうやら著者と同じく北九州市民から福岡市民へと変貌を遂げた人が多いらしいということがわかった。北九州とは逆に、ここ最近の急激な人口増加が全国的にも話題となっている福岡。急成長を続けるこの街に人を吸い取られてしまっているようだ。

そんな福岡市の人口はどのように推移してきたのか。まず、北九州市が誕生した1963年の福岡市の人口は約70万人。この時点ではなんと北九州より30万人も少ないというから驚く。その後、ぐんぐんと勢い良く人口を増やし、1975年には早くも100万人を突破。北九州が100万人を割った2005年には、約140万人にも膨れ上がっている。

そして現在の福岡市の人口は、153万1919人(平成27年9月1日現在)。その差、57万3704人……。

九州初の百万都市が誕生したあの日、お祝いムードと希望に満ちていたあの日に、たった50年ほどでこんなことになると誰が想像しただろうか。これは果たして北九州の衰退が激しいのか、それとも福岡の発展が凄まじいのか。その答えがどちらなのかを決めるのは非常に難しい。ただ、このままでは57万人どころではなく、倍以上の差をつけられてしまう日がくるのも時間の問題、と思っている人は少なくないはずだ。

本書でも書いたが、北九州市民は福岡市民を何かとライバル視し、嫌う傾向にある。福岡と聞けば、「こちらの方が人が温かい」、「魚がおいしい」と対抗心を燃やし、博多弁を耳にすると嫌な顔をして「北九州は訛りがない」と得意げな表情を浮かべる。しかし、それも一部の地元愛が過ぎる人々、そしてひと昔前の人々の話となってきているのかもしれない。最近は福岡に対する嫌悪感どころかあこがれの気持ちから、向こうへの進学や就職を決める若者が多いという。もちろん、行きたい大学や企業が北九州にはない、という問題があることも確かだろう。学ぶ場所・働く場所の充実ぶりはもはや到底叶うことのないところまできている。ならばせめて通いやすい距離であると良いのだが、新幹線で約20分という距離は、近いようで以外とそうでもない。快速電車だと乗り物が得意でない人にはかなり苦痛となる時間がかかる。遊びに行く分には良いが、毎日通うとなると時間・お金共に苦しくなっていく距離感。よって、本当は通いたいけれど引っ越した、という人も多いに違いない。そして学生の場合は、そのまま福岡で仕事を見つけ、本格的に移住するというケースが多いという。そうなると、将来有望な若者が多く出て行っているに違いない。そうした若者に「戻ってきたい」、「北九州で活躍したい」と思わせるまちづくりを行っていくことが必要だというのは言うまでもないことだろう。

北九州の人口減の原因のひとつに、一時代を築いた産業の衰退があげられる。

炭鉱と製鉄業で大きくなった都市だったため、それらの衰退と共に人がいなくなってしまったのは確実だからだ。全国の政令指定都市の中でも北九州のように急激な人口減が問題になっていることは珍しく、他の都市はうまくピンチを切り抜けているという。なぜか。その理由は、例えば工業が衰退しても商業の分野をパワーアップさせ成功していたり、周辺の都市のベッドタウンとして人を呼び寄せていたり、という具合だ。

しかし北九州の場合、残念ながらそのどちらの手もうまく使えていない。まず産業に関しては、もともと商業の街として昔から栄えてきた福岡がすぐ近くにあるため、そちらの方に店や人を取られてしまっている。また、福岡市のすぐそばにある春日市や大野城市はベッドタウンとして人気を得ているが、北九州は通勤には微妙に距離が離れており、ベッドタウンとしての発展は望めない。

人口減の裏には、出て行く人が多いということだけでなく、入ってくる人が少ないという問題もある。福岡のベッドタウンとしては少々厳しいというのも入ってくる人が少ないという点につながっているだろう。

また、北九州が抱えるマイナスイメージについても決して影響がないわけではないと思われる。環境をはじめ、さまざまな取り組みを行ってはいるが、取り上げられ話題となるのはいつも「北九州＝怖い街」と決めつけられてしまうネタばかり。誰がそんな街に引っ越したい、暮らしたいと思うだろうか。誰がそんな街で子育てをしたいと思うだろうか。イメージというのは本当に怖い。

逆に、そんな北九州の隣でじわりじわりと人口を伸ばしている町がある。苅田町だ。現在の人口は3万6312人（平成25年9月末日現在）。この10年間で2万人近くも増えている。有名企業もあり財政的に豊かな印象があるだけでなく、こぢんまりと平和なイメージや北九州の中心部までの通いやすさなどが挙げられるだろう。加えて、移住のための取り組みを積極的に行っているというのも魅力。もちろん、北九州に比べ家賃が比較的安いなどの利点もあるはずだ。

では、北九州は一体どうすればこの急激な人口減を止められるのだろうか。まず、当然必要になってくるのは魅力ある部分をさらに伸ばすこと。例えば、環境に対する取り組みについて、より多くの人に知ってもらうだけでも違うはずだ。これからの時代、環境への取り組みは不可欠。環境首都を目指しいち早く先進的な取り組みを数多く行ってきた北九州なら、子どもの頃から環境について身近に触れることができ、それは大きな魅力になるだろう。実際に市内の子どもたちは、遠足でさまざまな環境施設をめぐったり、授業で環境について積極的に学んでいるという。せっかくの機会なので具体的にどのような施設や取り組みがあるのかを紹介してみよう。

まず、「市民のための環境学習・交流総合拠点施設」とうたう北九州市環境ミュージアムがある。ここはすでに環境学習の場として市内の小中学校に活用されており、「気づき、学び、判断し、行動していく環境リーダーの育成」をサポートしているのだとか。市民ボランティアである環境学習サポーターが、子どもたちに手づくりの道具を使った体験学習を提供するなど、単なる知識習得ではなくアクティビティを取り入れているのがポイントだ。

次に、こどもエコクラブに対する取り組みもあげられる。こどもエコクラブは、環境省が環境学習に関する教材や情報の提供、交流と学習を兼ねた宿泊交流会の開催などを応援する全国的な取り組みだが、「北九州こどもエコクラブ」の会員数は常に全国上位。活発な活動が表彰されるなど全国的にも評判になっている。

また、よく知られているのが北九州市環境首都検定の実施だろう。全国にはさまざまなご当地検定があり、九州では大分県の高崎山サル博士検定や、佐賀県の唐津・呼子イカ検定、熊本県のくまもと水検定などユニークなものもあるが、環境首都検定はまさに北九州ならでは。受験者や団体上位校に選ばれた小学校に記念品を配るなど、環境への意識が高い市内の企業が検定を盛り上げているのも素晴らしい。

ほかにも、小学校各学年の学習に関連させながら総合的、体系的に仕上げたという書き込み式環境教育ワークブック「みどりのノート」を市内の全小学生に配布しているというから、北九州で育つ次世代の子どもたちは、環境に対する意識や知識が他の子どもとは明らかに違ってくるだろう。だが、こうした教育環境があることも、負のイメージの影に隠れてしまっているのが実情だ。

ライバルである福岡は、とにかく宣伝がうまい。飲酒運転や性犯罪、ひったくりの多さなど負の部分ももちろんもってはいるが、それ以上に華やかな部分を非常に良いイメージで打ち出してくる。しかも、次から次へとひっきりなしに。それに対し、北九州は魅力的な部分、華やかな部分を多く持ちながらも、それらをうまく打ち出せていないように思えて仕方ない。市外の人々が知らないだけでなく、市民もあまり理解していないことが多く、宣伝下手は否めないだろう。

ただ、環境に対する取り組みに熱心なのは良いが、人口減を止めるためにできること、しなければならないことはもっと身近で目に見えるところにもたくさんあるような気がしてならない。

例えば、あちらこちらの商店街のさびれ具合についてはどうだろう。シャッターが目立つ商店街をひとつでも多く活性化できれば、人の流出を多少なりとも防ぐことができるのではないか。もちろん簡単なことではないと理解しているが、自分たちの街が賑わっていれば、「ここで何かできることがあるのではないか」と考える若者も増えるだろう。そして、その賑わいに魅力を感じて新たな住民がやってくることも期待できる。「人が住みたくなるまちづくり」をぜひもっと身近な場所、目に見えやすいところからも力を入れて行ってほしい。

同じように女性や子どもが昼間でもひとりで歩きづらい薄暗い場所やさびれた通りが非常に多いのも問題だ。すべてを再開発エリアのように美しくすることは難しいだろうが、さびれた街に誰も入って来ないのは当たり前。これこそ「怖い街」という負のイメージをさらに強くする要因にもなるため、少しでも早く何らかの対策をお願いしたい。

また、イメージアップという意味でいえば、観光地のさらなる整備も急務だろう。本書でもすでに触れているが、北九州一の観光地である門司港エリアについても、賑わっている場所とそうでない場所の落差が激しいし、老若男女誰でも楽しめる場所が少ないなど気になるところは多く、もっとできることがあるのではないか、と感じてしまう。

もちろんそうしたパッと見てわかる部分だけでなく、例えば最近全国的にも問題になっているひとり親家庭の貧困など、福祉的な環境の整備にもより深く取り組んでいくことが大切だ。市民の暮らしの質が上がるだけでなく、それがまた負のイメージを払拭していくに違いないからだ。

そうした中、北九州市は「貧困の連鎖」を断つことを目的に、ひとり親家庭の児童・生徒に食事提供や学習支援を行う「子ども食堂」の設置を決めたという。これはなんと自治体初の試みとのことで、取り組みの成果がどのような形になって表れてくるのかがとても楽しみだ。さらに、さすが義理人情の街だけあって、子ども食堂の取り組みは市内の企業にまで広がっているという。

人口が100万人を割ったという事実は、その言葉だけでマイナスなイメージを少なからず助長している。だが、全国に95万人以上の人口をもつ都市が一体どれだけあるだろう。九州では福岡市に次いで2位であり、3位の熊本市が74万594人（平成28年1月現在）なので、まだ約20万人も差がある、ということを意外と市民は知らずにいる。「100万人を割った」というネガティブな言葉が先行してしまっているからだろう。

そのため、市民にはまず自信をもってもらいたいと思う。そうすれば、その自信が街への誇りとなり発展へとつながっていくに違いないからだ。

「政令指定都市の中でこんなに人口が減っているのは北九州だけ」と、市内外で騒がれているが、もともと出発点からしても他の都市とは性質がまるで違う個性的な都市。人口減の対策を……と著者もいろいろなことを書いてみたが、まずは他とは比べず、その個性をもっと磨いていくことを考えた方が良いのかもしれない。その方がきっと北九州らしくて面白い。

あとがき

『これでいいのか福岡県北九州市』の話をいただいた時、著者はまだ自分の中にこれほど大きな地元愛が潜んでいることに気づいていなかった。ただ、他の人よりは北九州に詳しいかもしれないから、喜んでお引き受けしよう。それぐらいの気持ちだったように思う。

子どもの頃はいつも北九州市庁舎を見上げながら、「大人になったら私もこの立派なビルで働きたい」と、少女としては少し変わった夢を抱いていたのだが、いつからか福岡の都会的な風景に憧れるようになり、大学卒業と同時にさっさと住民票を移してしまった。

本書を執筆するにあたり、しばらく北九州に拠点を移すことにし、懐かしい友人に会ったり、母と買い物をしたりという学生時代のような日常を楽しみながら取材・執筆を進めた。福岡から通うのではなく、自分自身をまずは北九州っ子に戻し、その上で主観的・客観的両方の視点で書きたかったからだ。

すると、すぐに自分の中の意外な気持ちに気がついた。福岡市民になってすだ。一度は東京で暮らしていたのだが、北九州にいても別に福岡が懐かしく、恋しくなったりはしないのだ。「もう北九州はいい！福岡に行くんだ！」と何の未練もなく、まるで「生まれた場所を間違えただけ」とでも言わんばかりに出て行ったというのに、今は逆に福岡になど何の未練もなくなっている。そう気づいてから、著者は「地元・北九州をあっさり捨てた女」から、「地元愛に溢れる北九州っ子」へとキャラを変更した。そうすると不思議なもので、すっかり身にしみついていた博多弁もなんとなく控えめになり、クライアント等への手土産も、「私の故郷のお菓子です」という決めゼリフと共に「栗饅頭」もしくは「小倉日記」へと変わっていった。

北九州の取材を進め、あらためて感じたこと。それは、本当に人々があたたかいということだ。本書の性質上、取材や資料の提供を断られてしまうのでは……という不安があったが、誰もが「皮肉はそこそこにしておいてよ」などと笑いながら快く応じてくれた。また発行後は、実際に紹介した施設の方や町の方に「書いてくれてありがとう！」とお礼までおっしゃっていただくことがあり、大変恐縮するということが多々あった。この場をお借りしてご協力いただいた方、読んでくださった方、ありがたい感想をくださったすべての方にお礼を言いたい。

初版本の発行から約3年。文庫版の発行にあたり、また故郷・北九州について考える機会を与えてもらい感謝している。元市民として人口減の話題には複雑な思いがあるが、先日出会った北九州の若者が、「就職して県外に行くけど、すぐに北九州に戻ってこちらの支店で働けるようになっている」とうれしそうに話すのを聞き、この街にはたくさんの希望と未来があることを実感した。

今回の文庫版にも「バラッバラな北九州」というタイトルがついているように、北九州は区ごとに特徴がまるで異なり、人の行き来も少ない。互いのこともよく知らない。だが、それが北九州なのだ。

市民でありながら、戸畑と八幡の位地を未だに把握していない。若松を島だと思っている。買い物はいつも博多。県外の客を連れて行くのは下関。何ということだろう。だが、それが北九州なのだ。

小倉っ子の著者は小倉焼うどんが大好物だが、実は本書を執筆するまで、戸畑ちゃんぽんも八幡餃子も食べたことがなかった。門司港の焼きカレーを食べたことがないという友人も周囲には多い。だが、それが北九州なのだ。それもまたひとつの個性と思い、伸ばしていくしかない。しかし、各区の魅力がさらに輝きを増した時、それぞれの交流がどんどん活発になっていくのではないかと感じている。そう思えるようになったのは、市内全域を取材した結果、どの区も大きなポテンシャルを秘めていることを知ったからだ。

昔は別々の市だったといっても、ひとつになってすでに50数年。人口の激減という課題は、「そろそろお互いを知ることからはじめて良いころなのでは？」というお告げなのかもしれない。知れば必ずひとつになれる。それがこの街だと確信している。

参考文献

・『北九州市花咲きかるた
（北九州市市勢要覧２０１２）』　北九州市

・『北九州市観光ガイドブック「もりたび」』
（社）北九州市観光協会

・『北九州市政だより（２０１２・７・15）』

・『北九州市政だより（２０１２・８・１）』

・『北九州市政だより（２０１２・９・１）』

・『北九州市政だより（２０１２・９・15）』

・『北九州市政だより（２０１３・１・１）』

・『関門連携事業のごあんない』
関門地域行政連絡会議

・長崎街道小倉城下町の会
「城下町小倉」編集委員会
『城下町小倉の歴史』
長崎街道小倉城下町の会　２００６年

・遠藤薫
『長崎街道 大里・小倉と筑前六宿』
図書出版のぶ工房　２０００年

・『北九州市ふるさとかるた』
北九州市にぎわいづくり懇話会

・『北九州に強くなろうシリーズ No.8
頑固でダンディよみがえれ大正ロマン
門司港レトロ』　西日本シティ銀行

・『北九州に強くなろうシリーズ No.12
〝回想〟五市合併 ２０００年を迎えて』
西日本シティ銀行

・『門司の歴史』　門司区役所総務企画課

・『北九州市「環境未来都市」宣言
（週刊ダイヤモンド２０１２年２月18日号から抜粋）』
北九州市広報室報道課

・『安川・松本家と戸畑の百年』　戸畑区役所

・『若松潮風キャベツ』　JA北九 若松そさい部会

・『地元を食べよう北九州
地産地消ガイドブック』
北九州市産業経済局農林水産部地産地消推進課

・『北九州のプロヴァンス（南仏）』
北九州市若松区役所まちづくり推進課

・『門司港レトロ 焼きカレーMAP』
門司港グルメ会

・『かわら版 日過市場ガイド』

・高橋伸一
『炭鉱労働者の履歴と広域移動』　1990・3
佛教大学社会学研究所紀要　第11号

・崔、麗華
『高度経済成長期以降の
日本鉄鋼業の展開と立地変動』　お茶の水地理学会

【サイト】

・北九州市
http://www.city.kitakyushu.lg.jp/

・小倉北区
http://www.city.kitakyushu.lg.jp/kokurakita/

・小倉南区
http://www.city.kitakyushu.lg.jp/kokuraminami/

・門司区
http://www.city.kitakyushu.lg.jp/moji/

・八幡東区
http://www.city.kitakyushu.lg.jp/yahatahigashi/

・八幡西区
http://www.city.kitakyushu.lg.jp/yahatanishi/

・戸畑区
http://www.city.kitakyushu.lg.jp/tobata/

・若松区
http://www.city.kitakyushu.lg.jp/wakamatsu/

・下関市
http://www.city.shimonoseki.lg.jp/

・ようこそ北九州
http://www.city.kitakyushu.lg.jp/youkoso/

・北九州市制50周年記念事業
http://www.kitakyushu50th.jp/

・北九州モノレール
http://www.kitakyushu-monorail.co.jp/

・北九州市環境ミュージアム
http://eco-museum.com/

・北九州市エコタウン
http://www.kitaq-ecotown.com/

・北九州市立美術館
http://www.kmma.jp/

・北九州市環境修学旅行
http://www.kcta.or.jp/shugaku/

・北九州商工会議所
http://www.kitakyushucci.or.jp/

・北九州市産業観光
http://www.city.kitakyushu.lg.jp/page/kankou/study_tour/

・ウォータープラザ
http://www.waterplaza.jp/jp/

・北九州市産業経済局企業立地支援課
http://kitakyu-kigyorichi.jp/

・レッツシティ！北九州
http://lets-city.jp/

・水環境館
http://www.mizukankyokan.jp/mizu/main.html

・「魅力発信！北九州」フェア
http://www.kitakyushu-fair.jp/about/

・わっしょい百万夏まつり
http://www.wasshoi.info/

・小倉祇園太鼓
http://www.kokuragiondaiko.jp/

・戸畑祇園大山笠
http://tobatagion.jp/

・八幡東ねぶた振興会
http://www7b.biglobe.ne.jp/~nebuta2008/

・まつり起業祭八幡２０１２
http://www.kigyosai.jp/2012/

・小倉焼うどん研究所
http://www.kokurayakiudon.com/

・Ｂ－１グランプリ
http://b-1grandprix.com/

・田中製麺所
http://members2.jcom.home.ne.jp/t_men/tobatatyanpon.html

・八幡ぎょうざ協議会
http://www.miraijuku1999.com/yahatagyouza/

・北九州学術研究都市
http://www.ksrp.or.jp/

・北九州市立大学
http://www.kitakyu-u.ac.jp/

・福岡県警察
http://www.police.pref.fukuoka.jp/

・若戸大橋開通50周年記念特設サイト
http://www.wakato-50th.jp/

・北九州市道路公社
http://www.kitakyu-road.or.jp/b_outline.php

・門司港レトロインフォメーション
http://www.mojiko.info/

・門司港レトロ倶楽部
http://www.retro-mojiko.jp/

・門司港レトロ観光列車潮風号
http://www.retro-line.net/

・門司赤煉瓦プレイス
http://mojirenga.navitown.com/

・門司港バナナマン協会
http://mojikobananaman.com/

・九州鉄道記念館
http://www.k-rhm.jp/

・関門海峡 Navi
http://www.kanmon.gr.jp/index.html

・小倉城
http://www.kid.ne.jp/kokurajou/html/index.html

・旦過市場
http://tangaichiba.jp/

・スペースワールド
http://www.spaceworld.co.jp/

・合馬観光たけのこ園
http://www.ohma.jp/

・平尾台自然の郷
http://www.hiraodai.jp/sato/

・北九州市立小倉城庭園
http://www2.kid.ne.jp/teien/

・松本清張記念館
http://www.kid.ne.jp/seicho/html/index.html

・小倉けいりん
http://www.kokurakeirin.com/pc/index.html

・ＪＲ九州（九州旅客鉄道株式会社）
http://www.jrkyushu.co.jp/

・新日鉄住金株式会社
http://www.nssmc.com/

・株式会社安川電機
http://www.yaskawa.co.jp/

・ＴＯＴＯ株式会社
http://www.toto.co.jp/

・シャボン玉石けん株式会社
http://www.shabon.com/

・つじり
http://www.tsujiri.co.jp/

・井筒屋
http://www.izutsuya.co.jp/

・小倉昭和館
http://www2.ocn.ne.jp/~showakan/

・あるある City
http://aruarucity.com/

・チャチャタウン小倉
http://www.chachatown.com/

・上野ビル
http://ueno-building.com/

・旧松本家住宅
http://www.nkc.or.jp/

・九州工業大学
http://www.kyutech.ac.jp/

・明治学園
http://www.meijigakuen.ed.jp/

・東筑軒
http://www.tochikuken.co.jp/

・帆柱ケーブル株式会社
http://www.hobashira-cable.co.jp/

・夜景倶楽部
http://yakei.jp/index.html

・筑豊電気鉄道株式会社
http://www.chikutetsu.co.jp/

・都市高速 福岡北九州高速道路公社
http://www.fk-tosikou.or.jp/

・北九州空港
http://www.kitakyu-air.jp/

●編者
田村康代
1976年生まれ北九州市出身。大学卒業後、福岡市で編集の仕事に携わる。その後、独立して制作会社を起業。行政や企業などの各種制作物の企画や編集、執筆等を行っている。「つじりの抹茶ソフトが食べたい」と「鍋には鍋しゅんぎく」が口癖。

地域批評シリーズ⑩　これでいいのか 福岡県北九州市
2016年 6月15日　第1版　第1刷発行
2019年12月19日　第1版　第3刷発行

編　者　田村康代
発行人　武内静夫
発行所　株式会社マイクロマガジン社
〒104-0041　東京都中央区新富1-3-7 ヨドコウビル
TEL 03-3206-1641　FAX 03-3551-1208（販売営業部）
TEL 03-3551-9564　FAX 03-3551-0353（編　集　部）
http://micromagazine.net/
編　集　髙田泰治
装　丁　板東典子
イラスト　田川秀樹
協　力　㈱n3o
印　刷　図書印刷株式会社
※定価はカバーに記載してあります
※落丁・乱丁本はご面倒ですが小社営業部宛にご送付ください。送料は小社負担にてお取替えいたします

※本書の内容は2016年4月15日現在の状況で制作したものです

2019 Printed in Japan　ISBN　978-4-89637-569-5　C0195